平和
地球 龍凰

はじめに

二〇一七年六月十五日、私は沖縄県におりました。

大変お世話になっているかたをはじめ、数名のかたがたとともに、翌日からモンゴルに向かうことになっていたのです。朝早い出発に備え、前夜から那覇市内のホテルに入っておりました。

顧《かえり》みれば、これまでの日々の中、思いがけず、いくつかの国の皇室のかたがたや大統領と御縁をいただいたことがございました。オリンピックの金メダリストや、ノーベル賞受賞者のかたがたとの出会いもありました。ありがたいことに、天皇皇后両陛下と皇居で夕食をご一緒させていただいたこともございます。

どれも心に残る、とてもすばらしい体験でした。

けれども、人生を振り返り、私にとって出逢えて最も嬉しかったかたは？　と聞かれたら、まっさきにお顔が浮かぶのは、これから本書でご紹介させていただくかたでございます。

目立つことを決して好まれず、常に裏方に徹して、様々なかたがたを支え続けてこられた一人の男性だったのです。

二〇〇〇年三月一日に、私はこのかたと御縁をいただいて以来、国内外で何度、御一緒させていただいたことでしょう。このかたの思いや歩みに触れ、こんなかたがいらっしゃるのかと驚嘆し、優しさやあたたかさに幾度《いくたび》も感動致しました。

いつもそっと隠れて、人知れず歩み続けてこられた道のり。

地位や名誉を得ることにばかり固執していた自分が、とても恥ずかしく思います。

私は、とても傲慢《ごうまん》な男でした。そんなお山の大将ぶりを承知の上で、数々の失礼や未熟な立ち振る舞いにもかかわらず、見護ってくださったかた。大変な恩師であり、「心の御親《おや》」のような存在のこのかたとモンゴルで過ごすことのできた五日間は、どれほどの宝ものとなったことでしょう。

道中、このかたは、「知るとは体験することだよ」とおっしゃいました。

「富士山という言葉を知っていても、実際に三七七六メートルを登ってみなくては、本当に知ったことにはならないよ。カレーライスもそう。言葉は知っていても、実際に食べたことがなければカレーライスを知ったとは言えないね。沖縄には、雪という言葉は知っていても、実際には雪を知らないこどもたちはいっぱいいる。知るとは体験することなんじゃないかな」。

「知るとは、体験すること」――今回、体験させていただいた旅で学び得たことを書き残し、もしも、それがどなた様かのお役に立つことができましたならば、大変ありがたく存じます。

どうぞ、御縁のあるかたがたに、この旅の記録が届いていきますように。

平和

——目次——

（一）名を伏せて絵本と花の種子を配り続けた思い

現地で入手した資料によれば、現在、世界で最も多くの恐竜の化石が発掘されている地域の一つが、モンゴルのゴビ砂漠だそうです。太古から恐竜が生息していたモンゴルには、その後、マンモスも生息していたことが、現地の壁画に描き残された絵からもうかがい知ることができます。この地域には八十万年も前から、すでに原人と呼ばれる人々が暮らしていたそうです。

そんな太古から生命が息づいてきたモンゴルの大地。

黄色人種である日本人も「モンゴロイド」と呼ばれるように、モンゴルは日本人にとって、肉体の根元、ルーツでもある土地柄です。火を用い、道具としての石器を利用してきた人類の歴史を思えば、文明の根元でもあるのでしょう。

このモンゴルで、花がいっせいに咲く春から初夏にあたる時期が、今回訪問する六月半ばでした。ミアット・モンゴル航空を利用した直行便で行くツアーに私たちは参加しました。通常であれば、ソウルや成田、北京を経由しながらウランバートルへ向かうことになるため、沖縄から十一時間以上はかかります。けれども、直行便であったため、那覇からウランバートルまで約五時間二十分で行けることになっておりました。

二〇一七年六月十六日朝七時三十分、私たちは那覇空港国際線ターミナルに集合しました。このかたと御一緒させていただく海外の旅は、久しぶりです。

今回は私も含め、四名をお連れになられての旅でございました。

旅の二カ月前、満開の桜が咲く季節に、私は国内のある地でこのかたと御一緒させていただいたことがございます。

この時に、男性は幼少期の頃のこともお話しくださりました。

男性は、終戦日の八月十五日、琉球の地にお生まれになられていらっしゃいます。龍球《りゅうきゅう》と同じ言霊《ことだま》を持つ「琉球」の地が男性のふるさとです。

農業をしながらたくさんのこどもたちをお育てになられた御両親の長男として、男性はお生まれになられました。

お父さまは、片足が不自由だったにもかかわらず、村一番の働き者として知られたかたでした。

そんなお父様のご長男として生まれたこのかたの最も古い記憶は、村一番の力持ちだったおじいさまが、年一度の村のお祭りで、抱きかかえながら踊ってくださったことだそうです。当時、一歳だったでしょうか。

男性はいつもおじいさま・おばあさまとともに眠っていました。

こどもの頃、頭が大きくて帽子が入らないこともあった男性に、おじいさまは、「この頭には何が入っているのかな。きっといいものが詰まっているんだ」と話しかけてくれたそうです。「生きるとは世の中の役に立つこと」だとおっしゃり、何度倒れても生涯働こうとなさる明治のかたでした。九十歳を超えても、畑仕事に勤《いそ》しもうとされておられました。

祖父母の愛情をいっぱいに受けた男性は、小学一年生の時に担任だった先生にもとても可愛がられました。御自宅に遊びに行ったり、先生のこどもになるか、とまでおっしゃっていただいたり。

学芸会では、「桃太郎」役に抜擢されたそうです。

小学一年生でありながら、男性は桃太郎の鉢巻きを御自身でおつくりになられました。

小学生時代に粘土で作るものは、いつも百獣の王・ライオンだったそうです。

毎年、級長などを務めるようになった男性は、小学四年生の時にいじめに遭ってしまいます。当時、小柄で前から二番目か三番目だった男性でしたが、勉強はよくできました。いい成績の男性を羨《うらや》み、いじめるクラスメートたちがいました。後ろの席から、突然足で首を絞めるいじめっこたち。休み時間をむかえることが恐怖の毎日でした。けれども、同じようないじめを繰り返すこどもたちに、ある時、もう我慢ができないと思った男性は、ついに反撃に出ました。やられた際に、足をつかんで引きずり、いじめっこを羽交締めにしたのです。

勇気を出して、初めて立ち向かった瞬間でした。

思いがけない展開に、いじめっ子のボスがとうとう泣き出しました。

その後、二番目にいじめていた少年に、「あんたもやるか」というと、二番目のいじめっこは逃げ出していきました。

こうして、以後、いじめっこたちはおとなしくなりました。

級友の中には、救われた思いのこどもたちもいたことでしょう。勇気をもって、実際にやってみたら乗り越えることができた体験でした。

今もいじめは、全国の学校に広がっています。

いじめられているこどもたちに、ぜひとも「勇気を持ってほしい」と男性は語っておられます。


男性が中学二年生の時のお話です。

当日の数学は、ベテランの教頭先生が担当していました。

「3．14159……と続く円周率の覚え方は……」と授業をしています。級長をしていた男性は、いてもたってもいられず、教頭先生に質問をしました。

「先生、これを丸暗記して、何の役に立つのでしょうか。もっと大事なこと、将来役に立つことを教えてほしいです」と。

当時は、中学卒が半数以上の時代でした。

中学を出たら、多くのこどもたちには、すぐに社会人としての生活が待っています。本来、義務教育とは、社会に出るための準備をする期間ではないでしょうか。生徒を押さえつけ、知識ばかり増やすのではなく、もっと社会に出て活かせることを教えてほしい、というのが男性の願いでした。

高校に入ると、初めての沖縄知事選がございました。日本に復帰して初めての知事選。それまでは、知事にあたる「行政主席」は、沖縄を統治していた米国が任命していました。

知事選の際、片方の候補はそれまでの統治や政治の流れを汲む人。もう片方は、復帰運動にも尽力し、校長も体験した教育者です。選挙当日、学校の先生たちは開票速報を休み時間ごとに生徒に報告していました。生徒たちも手を叩いて、教育者のリードを喜びあっています。

この時、男性は手をあげて発言しました。

たとえ、自分も教育者のほうがいいと思っていたとしても、教育現場でこうしたやりとりがなされることに我慢がならなかったのです。

「先生、こんな教育がありますか。教育は平等でなくてはならないはずです。先生たちの思いを生徒に押し付けて、洗脳してしまったら、バランスのとれない人間をつくってしまうのではないでしょうか。これが教育ですか」。

高校三年生の時、在籍していた普通科の人たちが大学の受験勉強をする中、男性は車の免許を取るための勉強をしておられました。農業をしながらたくさんのこどもたちを養い続けてくれている、お父様の姿を見ておりました。

兄弟姉妹のうち、男兄弟は二名のみです。長女は中学を出てすでに働き、仕送りをしてくれていました。別の姉妹も、夜間高校に通っていました。男性は、高校を出してもらえるだけでもありがたい、これ以上の進学は親にさらなる苦労をかけてしまう、と先読みし、高校のうちから免許を取って、社会に出る準備をしていたのです。働きに働いて家族を支えるお父さまの姿を仰ぎながら、いつしか最もしたいことは、「親孝行」になっていました。

そんな男性に、高校三年生の時の担任の先生はとてもよくしてくれました。世界史を教えていた先生が、ある時、本をプレゼントしてくださったのです。「あなたは将来大物になるよ。ナポレオンと同じ誕生日だから」と話してくださったそうです。

当時、男性には三つの好きな言葉がありました。

一つ目は古代ギリシャの哲学者の、「汝《なんじ》、己を知れ」、二つ目はナポレオンの、「余の辞書に不可能はない」、三つ目は宮本武蔵の、「われ事において後悔せず」です。

高校卒業の間近になって、男性はダンプにはねられる事故に遭い、クラスメートとともに卒業することはできませんでした。けれども、事故に遭い松葉杖の生活を体験したことで、足が不自由だったお父様のお気持ちがわかられたそうです。

社会人になってから、男性は少しでも親に楽をさせてあげたいと勤勉に働きました。営業職に配属された一年目から売り上げをぐんぐんあげ、すぐに支店長に抜擢。やがて、本店よりも売り上げをあげるようになっていました。けれども、大人たちの嫌な状況も目の当たりにしてしまい、独立を決意しました。

サラリーマン生活は一、二年で終了です。

御自身の人生は、社長か平社員だったか、と男性は振り返っておられます。一度もボーナスをもらったことはなく、一度も出世をしようと思ったこともないそうです。給料を貰えるだけでもありがたいのに、会社をつぶしてまでボーナスを貰おうとは、とても思えなかったのでした。

以前、海外を訪問していた際、ツアーの参加者たちが、予定にはない有名な夜店に行こう、という話になりました。それならば、とガイドさんが、行きはバスで案内するので、帰りは参加された皆様でそれぞれにお戻りください、ということになったのです。

その時、男性はふと思ったそうです。「このガイドさんは参加者のために案内しようとしてくれている。でも、このガイドさんの帰りのタクシー代は会社から出ないのではないかな」と。男性は、ガイドさんの帰りのタクシー代を支払おうと思い、参加されたのでした。

ホテルに着くと、タクシーに同乗した女性陣は皆で割り勘にしようと話しています。けれども、男性はこんなふうにおっしゃったそうです。

「申し訳ないけれど、僕に払わせてくれませんか。僕の人生で割り勘をしたことはありません」と。思えば、六十数年の人生で一度も割り勘をしたことがなかったそうです。

水が上から下に流れるように、ない人から取り上げることは絶対になさらないのでした。どんな時にも弱い者いじめはせず、自分よりお金のない人の分を出すのは自然の法則だと男性はおっしゃられています。

男性は、高い地位について昇進したい、人よりも上に行きたいと考えたことはないそうです。人が競い合うところから、争いが始まります。あの人よりもいい技術を、この人よりも強い武器を、この国よりも経済力を高めて、と競い合うところから戦争も生まれていきました。勝った時の優越感が、支配に転じ、争いを繰り返す末に、人類はついに原爆までつくってしまったのです。

広島に原子爆弾が落とされた数年後、男性は生まれました。たった百年で、人類は母なる地球すらも壊すようなおこないをしてしまっていいのでしょうか。動物には、こんな競い合いはありません。群れを護るために戦い、餌をとるために行動することはあっても、他者より先んじよう、という心で競い合うことはしないのです。

自然界の「弱肉強食」と人類の「競い合い」は、全く別なものなのでした。人類は競い合うところから、自ら破滅へと向かっていきました。

沖縄の王様にまつわる、こんなお話がございます。

この王様は、農民にとても優しいかたでした。自身の大事な刀を溶かし、鉄に変え、鍬《くわ》をつくりました。鍬を用いることで能率が上がり、農民が育てる作物の収穫量が増えたのです。慕う人も多く、この王様のもとには他の村からも人々が集まりました。

一方、別の王様は腕力にものを言わせる人でした。国民は、おびえながら生きていました。この王様はいい王様への妬《ねた》みから、侵略をすることにしたのです。

いい王様は、一度は逃げたものの、妻を殺され、復讐心をもってしまいました。その時に、戦争が始まったのです。いい王様は侵略してきた、もう片方の王を殺しました。すると、今度は父を殺された息子が攻めてきたのです。怪我をした息子の姿を見た、いい王様は、「あれはあの時、妻を殺され復讐心に燃えた自分自身だ」と気がつきました。

そこで、いい王様が自ら、怪我をした敵の王の息子を担ぎ、看病をしたのです。食事も分け与えました。逃げようとする息子に、いい王様は根気強く接し続けました。復讐の応戦は、次なる報復を生むだけ――いい王様は復讐の連鎖を断ち切るべく、努力を重ねたのでした。

やがて、真意を汲むことのできた、敵の王の息子と和解し、国を一つに統一することとなりました。争いをなくすために、平和に治める道を両者が選択したのです。

日本でも、江戸幕府を開いた徳川家康公は当初、日本じゅうをなわばりにしようとは思っていませんでした。戦いが嫌で、自殺しようとしたこともあったほどです。この時は、お坊さんに止められました。やがて、家康公は戦いがなくなる世の中をめざしたのです。織田信長公の天下統一への発心。足軽から這い上がった豊臣秀吉公。実際に統一を果たし、平和な世を実現させた家康公。それぞれに魅力があると男性は語っておられます。

モンゴル行きの準備をする中で、私はこのかたがこれまでにお話くださったことに、あらためて思いを馳せておりました。

男性にとって、とても大きな出来事は一九八五年一月一日の体験でした。

当時、青年実業家として会社を経営していた男性のもとには、正月に若衆が集まるのが毎年の恒例行事でした。新年を祝い、酒を酌み交わし、というのが業界のならわしでもあったのです。特に何の疑問を抱くこともなく、毎年の楽しみだった正月三が日の光景。けれども、一九八五年の正月はいつもと違っていました。

一年の計は元旦に在り、と言います。

けれども、なぜ人は酒を飲み、どんちゃん騒ぎをするのだろうと疑問が湧きあがったのです。

昼下がりにふと、外に出ました。

お母様が、「なぜ外に行くのか」と尋ねられたことを覚えていらっしゃるそうです。

外に出て、何気なく向かった場所は、近くの小川でした。

こどもの頃を過ごした、なつかしい川。しばらく川辺を歩いていると、一羽の白鷺が舞い降りました。通常、人の気配があれば、逃げ出すのが白鷺の習性です。

ところが、こちらを見つめています。

少し近づくと、逃げずに川上のほうに移動し、数メートル先で待っています。再び近づくと、同じように数メートル飛んで、男性のほうを向いているのです。同じことを繰り返し、しばらく白鷺と戯れながら歩くうちに、いつしか滝のあるところまでたどり着きました。滝まで来ると、白鷺はどこかに消えてしまったのです。

思いがけず、やって来た真冬の滝。

急激に寒さも感じたのですが、ふと、この滝に入りたいという思いが湧きあがりました。帰ろうかな、冷たいだろうな、という気持ちも同時に起こります。けれども、ついに意を決して、滝つぼに飛び込んでみることにしたのです。

滝の下まで行き、足場を定めてみると、やがて陽光がさしました。

そして、周囲に円い虹がかかったのです。

思いがけない虹に接し、このきれいな水で自分自身を洗ったらきれいになれるかな、と思いながら、男性は「一年の計は元旦にあり」と何度も唱えていました。

この時、男性は酒もたばこも遊びもやめようと思い立ったそうです。

自宅に戻り、周囲に決意を語ってみても、誰も信じてはくれません。

それでも、男性の決意は揺るぎないものでした。

事業をすべて、それぞれの従業員に手渡し、自ら身を退《ひ》き、暮らしかたを変えていきました。日雇い労務をしながら、一家を支えることになりました。元旦の決意通り、酒もたばこも遊びもやめ、日々を過ごしてみると、これまでは他人事だったテレビのニュース報道が、決して他人事ではなくなっていました。

当時、いじめ自殺や校内暴力のニュースが、連日報道されていました。自ら命を絶っていく若い世代。それまでは同じニュースを見ていても、「教育が悪い」「先生たちは何をやっているのか」と思ってきたものが、もはや他人事にはできなくなり、自分は今、何をすべきなのかという心に変わっていたのです。

いつしか、心のフィルターが変わったのでした。

こんなこともございました。

前から、かつてお金を貸した人がやって来ます。

一般的には、「○○、お金はいつ帰す?」とたずねるのが常識でしょう。

男性も、かつてはそうでした。

ところが、一月一日に心のフィルターを入れ換えてから、全く違う心が湧きあがるようになったのです。

この時、男性は、前から来る人に見つからないようにそっと隠れました。その人に嫌な思いをさせたくない、と、自らが避《よ》けて、隠れることにしたのです。

こうした行動を、男性は今でもとるかたです。

金銭的にお世話をした人とばったり会いそうになっても、いっさい請求をしないどころか、むしろ、御自身から場をはずすようにされていらっしゃるのです。こうしたお心を理解する人はどれくらいいるでしょうか。もし理解することができたとしても、実際に行動できるでしょうか。

心にもさまざまな次元があり、真《しん》の愛が芽生えると、人はここまで純粋になり得るのです。心が変わると、自ずから、行動が変わっていらっしゃったのでした。

こんなお心のかたが、校内暴力やいじめが社会問題となって時代に、ただじっと学校や教員の所為《せい》にすることは、もはや、できなくなっていたのでした。

ある時、大阪を訪問する機会があり、知人が高野山に連れて行ってくれました。当時、高野山がどういう場所なのか全く分からなかった男性は、知人に連れられるまま奥の院まで案内してもらったのです。

その日のうちに沖縄に戻ることになっていたため、他にはどこにも行かずに、この日は高野山のみで帰ることにしました。帰りに立ち寄った土産店で、こどもたちのために、何冊かの絵本を購入しました。お釈迦様や観音様、お地蔵様、お大師様、地獄と極楽などについて書かれた絵本です。

帰宅後、この絵本はこどもたちに好評でした。

周囲のこどもたちも回し読みし、いつしか大人たちにも喜ばれる状況でした。そんな時、小学生だった長男が、「お父さん、悪いことをすると地獄に落ちるの？　本当に天国や地獄はあるの？」と聞いてきました。

男性は、ハッと思われたそうです。

今のこどもたちはそんなことも知らないのか、と。

「挨拶をする。親の手伝いをする。親に感謝する。先生を敬う。友達と仲良くする。礼儀正しくする。兄弟仲良くする。花を育てる。生きものをいたわる。弱い立場の人たちを助ける」――そうしたあたりまえのことを、こどもたちは教えてもらえない状況になっていたのです。

連日、報道されるこどもをめぐる問題に心を痛めつつ、男性はこれらの絵本をこどもたちに届けに行こうと決意しました。

当時、沖縄の小学校は二百六十校、中学校が百五十四校ありました。このすべての学校に配ることができ、もし各学校に一人ずつでもすばらしいこどもが育てば、四百十四名もの「いい心」のこどもたちが沖縄に育つことになるのです。

この頃、日雇い労務で稼ぐことができる額は一日六千五百円。雨の日もあるので、月に十二、三万円くらいの収入となっていました。生活費として妻に渡す額は毎月十万円と決めていたので、残りの二、三万円が自由に使えるお金でした。遊びを止め、酒もたばこも全くやらなくなっていた男性。さらに切り詰めるために、外食はパン一つと決め、衣類もほとんど購入せずに、擦り切れるまで靴を履きました。

こうして、絵本購入の費用を捻出していったのです。

以下は、男性が直接、東京の出版社にあてて出した手紙です。

「初めまして、沖縄の一男性です。突然で申し訳ございませんが、お願い申し上げたいことがございます。実は先月十一月二十一日に初めて高野山にのぼりました。そこで貴社の本を目にしまして、とっても感動しました。

私は、学も地位も何もない一労務者ですが、最近の世の中が悪くなっていくことにとっても悲しく思っております。校内暴力、シンナー、殺人、詐欺というように、こどもから大人まで数えたらきりがないほど、悪いことだらけの世の中です。これから先の世の中を考えると、こどもたちのことが心配です。そこで、この本を沖縄のこどもたち皆に読ませてあげたいと思い、小学校、中学校に配布しようと考えました。沖縄には小学校は二百六十校、中学校百五十四校があります。何冊かをセットにして、一校に一セットずつでも贈ろうと思っていますが、何しろ労務者の身です。大金はございませんので、毎月少しずつでも買って配ろうと思っております。

そこでお願いがございます。本を少しでも安く売って欲しいのです。お願いします。自分にはお金が五万円しかありませんので、取り敢えず今月は五万円だけ送りますので、それで買える分だけ送ってくださいませ。来月から二万円ずつ送りたいと思いますので、面倒おかけしますが、毎月発送していただきますようお願いいたします。送金の方法を知らせてください。また、本を何種類かセットにして同じ部数ずつでお願いいたします。勝手なことを言ってすみません。ではお願いします。良い正月を迎えて下さいませ。（十二月末日）」

出版社から本が届くと、男性はまず母校の小中学校を訪問しました。校長先生に会って、「心優しいこどもたちにしてください」と思いをお伝えすると、校長先生はとても喜んで受け取ってくださりました。学校をあとにした時には、うれし涙がこみ上げてきたそうです。

近くの海辺で、大海原を前に男性は誓いを立てました。

この絵本を沖縄本島の全校に配ります、と。

以後、毎月貯めては絵本を注文し、北から順番に配りはじめました。バス代を節約するために、リュックサックに本を詰めて、可能な限り、歩きました。

「お元気ですか。沖縄は台風の影響で仕事ができず、この四・五日間は休みです。本土では飛行機の事故で大変なさわぎですね。亡くなられたかたには大変申し訳ないことですが、この世の乱れ方に神様が怒っているんですよね。「天と地と海（水）」。天で飛行機事故。地で山崩れ。海では船会社の失態。人は「天」も汚し、「地」も壊し、「海（水）」も汚し、そして人の心まで汚してしまいました。大人たちがこうだから、こどもたちはますます汚れていきます。何とかせねばと思い、村々を巡行してこどもたちのためにと思ってやっているのですが、なかなか一人の力じゃどうもできません。でも、一人でも、いや各学校に一人ずつでもこの本に目を通して、いい心を持てば、沖縄では四百十四校のこどもがいい子に育つと思い、願っております。おかげ様で沖縄の半分の学校を回り終えました。地図で塗り潰しましたのでよくわかると思います。今年中に必ずやり遂げます。でもこれからが大変です。飛行機、船と遠い所ばかりです。キャンプ用具も今コツコツそろえております」。

民宿に泊まる費用もこどもたちの絵本代に、と思っていたので、野宿をしたことも幾度もございました。海辺の岩陰や木陰で眠った日。食べるものがなく、水だけで歩き通したこともあったそうです。畑に捨てられた芋や人参をかじりながら、本を配り続けたこともございました。来る日も来る日も日雇い労務で汗を流し、家庭への生活費を途切れさせることなく、絵本を購入し、配布し続けた日々。どんなに大変であっても、一人でも二人でも多くのこどもたちが優しい心になってくれるのなら、と男性は歩き続けました。

ある校長先生は、男性のことを「先生」と呼んだそうです。あなたこそが私にとっての「先生」なのです、と。

訪問した学校ごとに、男性は校長先生に会い、絵本を届け続けました。

そして、ついに、沖縄本島の全ての小中学校への配布を実現させたのです。けれども、そこがゴールではございませんでした。

まだ、沖縄の離島が残されていました。

石垣島や宮古島、与那国島、波照間島など、沖縄には幾つもの島がございます。このすべてを一つ一つ巡り、すべての小中学校に、という思いを持たれたのです。

船で一昼夜かかる場所でも、そこに小中学校があるかぎり、男性は訪問する道を選びました。誰かに頼まれたわけではなく、一銭の賃金になるわけでもありません。けれども、ただただこどもたちを何とかして救いたい、という思いでございました。

途中から、花の種子も配るようになりました。

本には好き嫌いがございます。けれども、花を嫌う人はまずいません。沖縄県内のすべての学校が花園になったら、どんなにいいでしょう。花のように優しい心のこどもたちが育ってほしい——こうした思いで、男性はこどもたちの心にも花の種子を植えられたら、とお考えになられたのでした。

これまで絵本を配った学校には、次のような手紙を添えて郵送し、これから絵本を届ける地域には絵本と花の種子を一緒に持参されました。

「校長先生、少ないですがこどもたちに「七色の花園」と「心の花園」を作ってやってくださいませ。大変な時節に先生をなされてお世話をおかけします。素直で真心をもった、強くて優しい根性のあるこどもたちに育ててくださいませ。人間、形のあるものは「上・下」「大・小」「強・弱」と比較されがちです。学校中で一番というのは、やはり一人だけでしょう。それは形の上での一番です。ですから、こどもたちは、「どうせ自分は」という心が起こります。しかし、「根性」「やさしい心」「強い心」「清い心」という形のないものは、こどもたち皆が一番になれます。先生、どうぞ、戦前の物の不自由な時代を乗り越え、強い心のある先生方が在職中に、いま迷えるこどもたちを育ててくださいますよう切にお願い申し上げます。　一父兄より」

絵本購入の際、出版社にはこの頃、次のようなお手紙を出されていらっしゃいました。

「……学校では必ず校長先生に会います。校長先生に励ましの言葉をかけているんです。本を渡しながら、『この本でこどもたちの心の中に花を咲かせて、この花の種子で学校の庭に花園を作って下さい』といつからとなく、そのように言うようになりました。先生のなかには、感動して涙を流す先生もいます。また、お金を渡そうとする先生もいます。『お金をいただくんでしたらこんなことはしません』と断っています……」

沖縄県内のすべての小中学校をめぐっても、男性は決して名前や住所を明かすことはございませんでした。ぜひお名前を、と言われても、名乗るほどのものではございません、と無名で通したのです。

こうした実践が、沖縄の新聞を賑わせることがあり、実の父親が、「今の世知辛い世の中に、心の優しい人がいるんだね」と男性に話しても、決して自らがしていることだとは明かしませんでした。

一九八六年三月十二日の琉球新報には、「校庭を七色に飾って」という見出しのもと、「小中学校に花の種子贈る」という大きな記事が出ています。「差出人名のない手紙、健やかな成長願う」という文字が並び、那覇市内の中学校に届いた手紙と花の種子の写真が紹介されています。

翌一九八七年十月十六日の琉球新報には、「見事に咲きました！　匿名で届けられた種子」という記事が写真入りで出ています。「【善意の道】美しく」という記事には、中学校に贈られたパンジー、レンゲソウ、ナデシコ、ペチュニア、カーネーション、万寿菊、カイザイクの七種類の花がきれいに咲いている様子が写し出されていました。

ある学校では、教頭先生が自らの車を貸してくださり、男性と共にガソリンスタンドに向かわれたことがあったそうです。

「こどもたちを思う気持ちは自分も一緒です。せめてこの車を使ってください」と、ガソリンを満タンに入れて、教頭先生は使わせてくださったそうです。

自転車を貸してくれたり、オートバイを貸してくれたり、宿を提供してくれたところもございました。

一日をあんぱん一個で過ごすこともあった男性に、食事を提供してくれた先生たち。

そんなある日、離島に向かうことになった際、どうしても旅費の工面ができないことがございました。年内に、という目標をあきらめることも脳裏をよぎりました。車を売って、旅費を工面することも考えましたが、それではあとの仕事に差し障《さわ》りがあります。苦悶《くもん》し、家の中で何か売るものはないか、と考えた時に目についたものが、息子の貯金箱でした。元々は自分が渡したお金だとはいえ、この貯金箱を割って費用を工面した時のつらさは、当事者にしかわからないものでしょう。のちに返しはしたものの、とても苦しい体験でした。開けてみると、貯金箱には離島に向かうことのできるぎりぎりの飛行機代が入っていたのでした。

こうして、やっとの思いで最後の旅に出ることができると思った矢先、出発前に息子が熱を出してしまいました。三十九度を超える熱。薬を飲ませても、座薬を入れても、いっこうに熱が下がる兆《きざ》しは見られません。男性は看病を重ねました。熱が下がれば朝、旅に出ることができると思っていたものの、夜通し看病をしても、残念ながら熱は下がってくれませんでした。行くべきかやめるべきか、大変な葛藤が続きます。共働きだった奥様は、当時、事務の仕事をしていました。事務員が一人だったため、なかなか休むことができずにいました。けれども、朝まで懸命に看病を続けていた夫の姿を見て、ついに旅に行ってきてもいいよ、と言ってくれたそうです。私が仕事を休むから、と。

男性はリュックを担ぎ、飛び出しました。とめどなく涙が溢れます。

こんなふうにして、離島行きの飛行機に飛び乗ったのでした。

旅の途中、男性のこどもたちを思う気持ちに感動した先生が、今日は我が家に食事に来て、泊まってくださいと勧めてくださりました。ありがたく、そうさせていただいた後、先生は男性に自宅に電話をかけていいですよ、とおっしゃったそうです。

けれども、申し出はありがたく思いつつ、男性は丁寧にお断りしました。もし電話をして、息子の状況が悪くなっていたら、この先の旅ができなくなってしまいそうだったのです。

男性も父親です。こどものことを心配しない親がいるでしょうか。こどもが苦しんでいたら、代わってあげたいと思うのが親です。自分のいのちよりも大事なものが親にはあるのです。

それでも、男性は心を鬼にして最後まで絵本と花の種子を配り尽くす決意をしていました。こどもたちを救いたい、どうか心優しいこどもたちになってほしいと願う男性の心には、一点の偽《いつわ》りもありませんでした。たった一つの学校ですら、取りこぼすわけにはいかなかったのです。

けれども、ご自身の精神状態がぎりぎりのところにあることもわかっていました。こどもの状況によっては、一直線に飛んで帰りたくなるであろう御自身がおられました。それがわかっていたからこそ、男性は自宅への電話を控えていたのです。

登山でも、九合目以降は大変です。

それでも、一度やると決めたなら成し遂げるだけの本当に強靭《きょうじん》な精神力を男性はお持ちになられていました。

こうした苦難を経て、ついにすべての離島にも絵本と花の種子を配り終えたのでした。

沖縄本島に戻って、車を自宅に入れた時、息子が父のもとに駆け寄ってきました。先ほど、熱が下がったそうです。父が旅をしている間、妻は妻で懸命に看病をし、息子は息子で病と向き合い続けていました。すべてを成し遂げた時、息子の病も癒えることができたのでした。

沖縄じゅうのすべての小中学校に絵本と花の種子を配布した男性の、一足だけだった靴もついに擦り切れました。

けれども、男性はここもゴールにはしませんでした。

今度は、「日本全国のこどもたちに花の種子を配ろう」と決意を新たにしたのです。

八十八歳まで生きて、日本じゅうを花園にすること——それを、男性は今生の仕事にしていこうと、お決めになられていらっしゃいました。

実際に今までどおり、名を隠して、奄美大島、屋久島、種子島と、すべての小中学校に絵本や花の種子を配布していきました。

働いては購入し、購入しては働きを繰り返しながらの旅。

相変わらず、妻には毎月十万円の生活費を欠かさずに入れていました。

誰かに求められたわけではなく、誰かが賞与をくれるわけでもなく、ただただ、得たお金を用い、我が身を削りに削って、各地をめぐられたのです。

男性は常々、奥様に「見栄を張るな」とおっしゃられていたそうです。

「この世の中で一番重たいものは見栄だよ。この見栄さえ捨てることができたら、生活がぐっとしやすくなるよ」と。

九州の小中学校に配布をはじめた時、ある思いがけない出来事が起こりました。それを機に、男性は日本じゅう、さらには世界じゅうをめぐっていくことになるのです。

男性が四十歳の頃のことでした。

家族を養いながら、以後、三十年ほどの歳月の中で、数百回の海外の旅、千回以上の国内の旅をされることになるとは、この時、誰が想像し得たでしょう。

英語が話せたわけでもなく、お金に余裕があったわけでもない一人の男性が、北極や南極にも複数回行き、北極点や南極点にも降り立つことになるとは、当時は御自身ですら考えていなかったのです。


その三十年にも及ぶ日々でどんなかたがたと出逢い、どんな体験をされたのかを、この本の中でいくつか御紹介させていただきたく存じます。

すべてが実体験の、真実の物語です。


いつも家族のことを思いながら、国内外の旅を重ねてこられた男性。

一例を書き記すと、二〇〇二年はこんなペースで国内外を歩まれていらっしゃいました。

一月十七日から三十日　二度目の南極大陸
二月四日から六日　鹿児島、屋久島
　二十四日から二十五日　宮古島
三月一日から三日　四国
　八日から十日　九州（福岡・熊本・長崎）
　二十三日から二十六日　中国地方（山口・広島・宮島）
　二十八日から四月　オーストラリア
四月十六日から三十日　カリブ海諸国八か国（セントキッツ・ネイビス、アンティグア・バーブータ、ドミニカ、セントルシア、セントビンセント、グレナディーン、バルバドス、グレナダ、トリニダッド・トバコ）
五月三日から五日　島根（出雲）
　二十日から六月一日　アイルランド
六月十二日から二十一日　アメリカ、イエローストーン
　二十四日から二十七日　モルディブ共和国
　三十日から七月十五日　南太平洋諸国（マーシャル、キルバス、ナウル、ミクロ

ネシア）
七月二十八日から八月四日　ロシア、サハリン
八月二十五日から三十一日　東ティモール、トラジャ、シンガポール
九月二十四日から十月七日　北方領土、国後島
十月十三日から十九日　中国（玉龍雪山、石林、西奴版納）
　二十五日から二十七日　上高地
十一月二日から四日　北海道
　六日から八日　四国
十一月二十四日から二十八日　中国（海南島）
十二月四日から七日　スマトラ
　十一日から十三日　広島
　十四日　出雲
　十六日から二十一日　ツバル

この年が特別だから書き出したわけではないのです。

ずっとこんなふうに旅を重ねてこられたのです。

こどもたちのためを思って、沖縄じゅうの小中学校を匿名で廻る男性です。思いがけない求めや懇願にお応《こた》えされて、日本じゅうを、世界じゅうを、めぐりにめぐってこられたのでした。

ある時、男性のパスポートを見せていただく機会がございました。

いったい、何冊目のパスポートだったことでしょう。

全ページにぎっしりと刻印が押された、分厚いパスポート。

アジア、ヨーロッパ、アフリカ、中南米と何十回にもわたって出国してくださったことが、パスポートからうかがい知ることができます。

めったに聞くことのない国の名も、刻印されています。

国名が変わったところもございます。

こんなに分厚いパスポートを用い、まだなお、旅を続けておられました。

そして、実はこの男性が、皆で行く最後の旅になっても、という思いで臨《のぞ》まれていたのが、今回の二〇一七年六月十六日からのモンゴルの旅だったのです。

同行させていただくことになった私は、何冊もの新しいノートを持参し、この旅でお伝えいただけたこと、体験させていただいたことを書かせていただく所存でした。

旅の前日、六月十五日に氏神様にあがった際、鳥居のところに、鳥の羽根が落ちておりました。とっさに私は、「羽根のペン」を思いました。小学校に入学する頃から、私は羽根を見つけると、小さな鉛筆を付けて、「羽根のペン」にしていました。「羽根のペン」は、「天使のペン」(「天のお使いのペン」)――魂がそう思っているようでした。

今回、旅をさせていただくにあたって、「羽根のペン」が氏神様に準備されていた意味を、出発前から噛みしめておりました。

(二)二度目のモンゴルへ

朝七時半に、那覇空港国際線ターミナルに集合した私たちは、旅慣れた男性のこれまでを垣間見るような体験をします。男性は、今回の添乗員さんともすでに旅を御一緒されていらっしゃったようで、御挨拶くださった後は、添乗員さんが、「どうぞどうぞ」と先に搭乗手続きをすることを勧めてくださったのです。男性御自身はもちろん、初対面の同行者まで、「どうぞお先にお入りください」と信頼されることに驚きました。この男性がお連れになられるかたがたなら大丈夫、という信頼感をすでに添乗員さんがお持ちになられているのです。どれほどの旅を、前回以前になさってこられたのでしょう。

以前、ある国をご一緒させていただいた際、訪問国の現地ガイドさんがこの男性にのみ、駆け寄ってきたことがございました。別のツアーで男性をガイドしたことがあったそうです。「わあ、久しぶり」と訪問国のガイドさんが覚えていた男性。国内ならまだしも、一年ぶりだという海外の現地ガイドさんに覚えられている男性に、私はとても驚きました。

出発時に空港ロビーでゆっくり珈琲をいただく時間を得て、私たちは朝九時那覇発のミアット・モンゴル航空直行便に乗り込むことができました。

機内で配られた新聞には、元沖縄県知事の死去ニュースが報じられていました。

一九二五年六月十二日に生まれ、二〇一七年の六月十二日に亡くなった元知事。誕生日と命日が同じ日となったこのかたは、かつて沖縄戦を体験し、九死に一生を得たものの、多くの学友たちを失っていました。敗戦後は捕虜となった体験もお持ちでした。大学教授を務めた後、知事選に出て、当選しています。平和の希求に生涯を捧げ、二〇一七年四月、ノーベル平和賞の候補者にもノミネートされたそうです。

九十二歳を迎えた誕生日、家族や看護師がバースデーソングを歌ってくれるのを聞き終えた後、亡くなったことが紙面で報じられておりました。

一方、法案が強引に成立したという報道もされていました。採決強行、異例の手続き、捜査権乱用の恐れという言葉が新聞の一面に見出しとなって並びます。

バースデーソングを歌って祝ってもらった日の旅立ちと、多くの反対意見を聞かないままの採決と。

どちらも、この日の新聞の一面で報道されていました。

昼過ぎにウランバートルに到着した私たちは、モンゴル有数の景勝地で保養地でもあるテレルジに向けて、バスで出発致しました。約六十キロ、二時間ほどの道のりです。「一日に八つの季節がある」と言われるモンゴルは、一日の中でも寒暖差が大きい内陸性気候です。

男性がモンゴルを訪れたのは、二度目です。

以前、モンゴルを訪問した直前には、お父様が救急車で病院に担ぎ込まれてしまったことがございました。まだ、ご兄弟からも旅への御理解を得られていない時期でした。明日をも知ることのできない容体になられたお父様。奥様が初めて、旅先にまで連絡をしてきたそうです。最もしたいことが、「親孝行」だった男性です。長男として誰よりも先に駆けつけ、ずっとそばで看病したい思いだったことでしょう。けれども、どうしても果たさねばならぬ役割があり、男性は飛行機に飛び乗り、帰って来られるまで電話もなさらなかったそうです。

ある時は長男が高熱で苦しみ、ある時は親が大変な状況になられて――それでもどうするのか、という中で、男性は歩み続けていらっしゃったのでした。

男性はかつてある島で、身が滅ぶような厳しい自然状況に放り出されてしまったこともございました。思わず、殺せ、殺せ、と叫びたくなるような状況でした。けれども、もうだめだと思った時、お子様のことを思い出し、懸命に、家族の名を呼びながら歩き続けられたそうです。

男性は語っています、「家庭こそが大事な原点」なのだと。

「地球こそわが住める星なり。地球こそわが家庭なり。人類は皆、家族の一員なり。家族は皆、愛し合い、助け合わなければならない。家庭円満とは世界の平和なり。地球と家庭はマクロとミクロのことなり」――無数に広がる星々がある中、同じ星に生まれただけでも奇蹟的なことなのに、その中で家族として出逢うことができた縁というのはどれほど深いものなのでしょう。この島での大けがで、肋骨《ろっこつ》が治るまでにひと月ほどかかりましたが、家族にすら心配をかけまいと、男性は怪我のことは一言も洩《も》らさなかったそうです。

（三）自然こそが究極の学び舎

実際に現地を訪問してみると、モンゴルの首都ウランバートルは、都市化がずいぶん進んでおりました。二〇一七年の時点で、人口約三百八十六万人のうち、約百三十一万人がウランバートルに暮らしています。

高層ビルも、ここ数年でずいぶん増えたそうです。

前年（二〇一六年）七月には、世界五十一ヵ国、二機関の代表も出席した第十一回アジア欧州会合（ＡＳＥＭ）首脳会合がおこなわれ、日本の首相も含め、名立たる世界のリーダーたちがモンゴルを訪れておりました。

首脳会合用に用意された、各国の要人が宿泊した施設などもつくられたことを、車窓から眺めました。

けれども、バスでしばらく走行すれば、いかにもモンゴルらしい大草原が広がります。

六月から七月にかけては、特にベストシーズンだそうです。

緑の草原に幾種類ものかわいらしい花々が咲く、フラワーハイキングができる至福の大地。タンポポや百合、アザミといった日本でもなじみの深い花から、オダマキ、キバナノコマノツメ、イワアズマギクなども咲くのが、この時期のモンゴルでした。

森林に囲まれ、清流もあるテレルジは、大自然の造形がおりなす見事な迫力の地域でもあります。

ここで実際に、ゲルと呼ばれる遊牧民のお宅を拝見させていただき、手づくりのチーズやバター茶もいただきました。自然に生息する香草を食べた牛の糞を燃料としていて、乾燥したものを燃やすとハーブの香りがします。この香りが虫よけにもなるため、遊牧民は用いているとのことでした。

モンゴルの草原には、幾種類もの草花が、大地を優しく彩っています。

乗馬の体験もさせていただきました。

モンゴルには、世界で唯一現存する野生馬「タヒ」が生息しています。タヒは現地名で、日本では蒙古野馬と呼ばれています。

今回、男性は乗馬をなさりませんでしたが、かつては農業の手伝いの際、馬にお乗りになったこともあったそうです。馬に乗る際には脚で馬を抱くイメージで、ということを教えていただきました。

なだらかな斜面の草原を馬に乗って進んでいくと、とても豊かな風の流れを感じました。馬の体温があたたかいことも実感しました。この大草原で、かつては恐竜やマンモスといった大きな生きものが、生息していたのでしょう。モンゴルの草原の風が、時代を超えた場所に心を誘《いざな》ってくれるのを感じました。


ツアー参加者を背中に乗せた馬たちは、やがて人間を乗せ終わると、皆、一様に背中に土を擦《こす》り付けていました。一匹残らず寝ころんで、背中に土を擦り付けます。まるで、土で身体の浄化をしているように見受けられました。馬にとって、人間を背中に乗せるとはどういうものなのだろう、と思わずにはいられませんでした。


その後、再びバスで走行すると、宿泊予定地のツーリストキャンプまで、奇岩奇石のすばらしい光景が続きます。途中、羊や牛、馬や駱駝、ヤクも見ることができました。

大草原が広がる世界でした。

男性も思わず、「親神様の傑作だなあ」とおっしゃるような、迫力のある、二つとして同じものはない大自然の造形物が、随所に見られました。

やはり、世界じゅうのどんな美術館よりも、大地こそが究極の美術館です。

思わず歓声をあげたくなるような景色の中でも、特にすばらしい風光明媚なところに、今回の宿泊予定のツーリストキャンプ（ゲル）が用意されていました。

この大自然に抱かれながら宿泊することができる施設でした。


昇りゆく朝陽。沈みゆく夕陽。

さらには満天の星々やお月様。


上下左右、どこを見ても自然界のすばらしい光景が広がっている、奇蹟の空間。もしここで満天の星々を仰ぎながら寝転んだなら、この場所はそのまま「宇宙のハンモック」に感じられたかもしれません。

地球にこんなに素晴らしい場所があることを、私はこどもたちにも伝えたくなりました。私たちが生まれ育っている星はこんなにもすごい、奇蹟の場所なのだよと。「地球」

という言葉は誰もが知っています。けれども、本当の「地球」をどれほどの人が知っているでしょうか。地球に暮らさせていただきながら、まだまだ地球について知らないことばかりであることを、モンゴルの大自然が感じさせてくれました。

宿泊場所から遠くないところに、高さ十五メートルにも及ぶ巨大な「亀石」と呼ばれる巨大岩がありました。地元の人たちの信仰の対象でもあるという亀石。下から見上げると、まるで「ノアの箱舟」を思わせるような、不思議な迫力と雰囲気を漂わせています。

大自然の荘厳な造形物に、目を瞠《みは》るばかりです。

時代を超えて、人々に仰がれてきた巨大岩。

景勝地のテレルジは、古代、火山帯であったところです。

初日の夜は雨だったため、満天の星々を仰ぐのは明日以降のお楽しみとなりました。けれども、すばらしい場に来させていただくことができた至福に、感謝の思いが湧きあがります。思えば、この六月十六日は朝早くからの長い長い移動でした。五時間ほどの飛行機、さらには数時間のバス移動の一日。

ベストシーズンと称されるモンゴルでの明日以降に思いを馳せながら、それぞれのゲルで休息をとることと致しました。

(四) 一億円の価値はわかっても、一円の価値がわからない人たちがいる

翌日は、鳥の啼き声がモーニングコールになるという至福な一日の始まりでした。ゲルの天幕(天窓)からは朝六時前からすでに陽射しが差し込んでおりました。大自然の神々様に御挨拶を、と思って外に出ると、今回一緒に旅をさせていただいたかたがある方向を指さしておられました。

指をさしてくださった向こうには、朝のすばらしい虹が縦長に伸びています。

男性と旅をさせていただくと、これまでもよく虹を拝見させていただいていました。いくつもの大陸で、海や陸で、拝見できた虹の数々。モンゴルの天空に架かった虹にも、心の中で手を合わせました。

しばらくして、男性もゲルを出られました。あたりを見渡すと、宇宙の神殿にも喩《たと》えたくなるような大自然のすばらしい造形岩の数々です。この大神殿（？）のほうに男性が歩まれると、どこからともなく犬が近づいてきました。男性のところに甘えるように、足元にじゃれるかのように近づくのがメス犬です。近くには、そのメス犬を追いかけてきたオス犬の姿もありました。

男性が別の場所に移動しても、メス犬は近づくのを止めません。さらにはそのメス犬を、再び追うのがオス犬という繰り返し。

男性には、夢の中でイルカが同じようにじゃれてきたこともあったそうです。やがて、血の根元・文明の根元でもあるモンゴルの大地で、二匹の犬は子孫繁栄の行為をはじめました。原初、地上には現在のように多様な種類の生物種が存在したわけではありませんでした。いくつかの種類だったものが、次第次第に交配を重ねながら、多様な生物種へと広がっていったのです。モンゴルの地で、子孫繁栄のはじまりの姿を目のあたりにし、命のはじまりやルーツについても、思いを馳せる朝となりました。

朝食後、私たちはフラワーハイキングに出かけました。

テレルジ国立公園は、標高千六百メートルほどの地域にあるため、背の高い大きな花があるわけではありません。けれども、幾種類もの小さな花々が朗らかに大地を彩る、とても心地いい場所でした。

草原から吊り橋をわたり、最後に石段を登ると、アリヤバル寺院があります。ここは、チベット仏教の寺院です。自然豊かな小高い丘の中腹から、私たちはモンゴルの草原を一望できました。テレルジ国立公園内には、二百五十種類もの鳥が生息しているそうです。道中、淡路島の伊弉諾《いざなぎ》・伊弉冉《いざなみ》の神様を思い起こさせるようなセキレイとも出逢うことができました。

天空を仰げば青空が広がり、心地よい風が吹き抜けて、心身に潤いをもたらします。以前、モンゴルを訪問した際、風に感動したことを思い出しました。野草や香り豊かな草花が豊富なモンゴルの草原。ここを吹き抜ける風を感じるだけで、まるで大地からハーブティーをいただいているような気持ちになったのでした。

その後、私たちはバスで移動し、水辺を散策する機会に恵まれました。砂漠が広がるモンゴルでは、昔から水をとても大事にしていたそうです。訪問した六月十七日が土曜日で、現地は夏休み期間中だったこともあり、様々な家族連れがテレルジ国立公園でのキャンプを楽しんでいました。

おじいさんと孫が、馬で川を渡っていく光景にも出会いました。

途中、結婚式を挙げる一行とも出会いました。花婿・花嫁が、この良き日にブルーの衣装を着た付き人たちに付き添われて、歩いていくところでした。

朝の犬たちの子孫繁栄の行為、日中の結婚式――天と地の祝福を受けて、いついつまでも様々ないのちが受け継がれる星であってほしいと願いたくなりました。

昼食後は、私たちはモンゴル最大の伝統の祭典「ナーダム」のプログラムを再現した「ミニ・ナーダム」を鑑賞しました。モンゴル伝統舞踊の天地への祈り、モンゴル相撲、こどもたちが馬に乗った草競馬、弓――モンゴルの青空がまぶしく広がる中、馬頭琴やホーミーと呼ばれる伝統的な喉笛も聴かせてもらいました。

以前、モンゴルにいらっしゃった際、男性は馬頭琴を購入されたことがあったそうです。ちょうど、長男の教科書に、馬頭琴が登場する「スーホの白い馬」という話が載っていたためでした。

「スーホの白い馬」は、モンゴルの民話です。

ある日、遊牧民の少年スーホは道に倒れていた白い子馬を助け、大事に育てます。やがて、領主が娘の結婚相手を探すための競馬大会を催した際、少年はこの白い馬に乗って、見事優勝しました。けれども、領主はスーホが貧しい家柄だったため、結婚させず、白い馬を奪ってしまいます。ところが宴会中、白い馬はスーホのもとへ戻ろうと逃げ出しました。けれども、家来たちが放った矢があたってしまい、白い馬がスーホのもとにやっとの思いで戻った翌日には、亡くなってしまったのでした。嘆き悲しむスーホの夢枕にある日、白い馬が立ちます。そして、自らの体で楽器をつくることを教えてくれたのでした。こうしてできたのが、モリンホール（馬頭琴）だという民話です。

モンゴルの大地に馬頭琴の音色が響き渡り、馬に乗る少年たちが人なつっこい笑顔を私たちに見せてくれました。

男性はかつて、購入した馬頭琴を学校にもって行かれたそうです。

「ミニ・ナーダム」の鑑賞を終え、私たちは宿に戻りました。

夕食にはまだ時間があります。

六月十七日十七時二十五分ごろから、私たちはメンバーのゲルに集まって、ティータイムを過ごすことになりました。


男性は、二カ月前の桜が満開の時期からのお話をしてくださりました。とてもありがたいことに、この時、私も旅を御一緒させていただいておりました。富士山を観ることができる、ある港町の宿に男性がいらしてくださったのです。その年は遅れていた桜が、男性がいらっしゃる日に合わせたように突然、満開になって、私はびっくりしました。

お天気が良ければ、日中、露天風呂から富士山がよく見えます。

急遽決まった訪問だったにもかかわらず、信じられないことに、かつて天皇皇后両陛下が御泊りになられたお部屋が、男性に用意されたのです。

地元ということもあり、私はこれまで幾度となく富士山を拝見しておりました。自宅からも仰ぐことができるため、晴れた日は毎朝、富士山に手を合わせることから一日をはじめます。けれども、この日は、初めての富士山の姿と出会うことができました。

それが、真夜中の富士山です。

男性から頂いた御電話で、私は夜、富士山がうっすらと浮かび上がっていることを知りました。驚嘆致しました。こんな時間に富士山を仰ぐことができるものなのか、と。

実は、宿の従業員のかたがたも驚くような稀有な出来事だったそうです。この日が満月だったこと、さらには富士山頂に雪が残っていたことなど、いくつかの気象条件が整わなくては適《かな》わない富士山の姿なのでした。

男性と同行された関西のかたは、生まれて初めてのこの地の訪問で、こんなにすばらしい体験をされました。

翌朝、私は歓喜の思いとともに御礼を申し上げて、次の仕事場所の東京に向かいました。

一方、同行された関西のかたが、いまだ三保の松原に行かれたことがないということで、男性は天女の羽衣伝説のある三保の松原まで同行者を御案内されました。

伝説の松が残る海岸線から御覧いただける富士山の姿に、同行者がとても感動したので、男性はもう少し行ってみようと、富士の浅間神社にもお運びくださりました。

浅間神社の湧玉池でお水を汲まれた男性は、そのお水を関西のある場所に注ごうと思われたそうです。宿泊予定地のある温泉に向かうにはとてもハードな日程となってしまうため、途中で一泊なさることにされたのでした。

宿では、蟹などの豪華なお食事が出て参ります。

同行されたかたは、普段は運転手がお付きになられていらっしゃる会社の経営者であるにもかかわらず、男性がこれまで歩み続けてこられた思いをお知りになり、そのお人柄に触れ、自ら運転手を買って出ていらしたのでした。この同行者のかたが、蟹が苦手だったため、男性は宿で二人分の蟹をいただかれたそうです。

翌日、お二人は当初の目的地だったある温泉に向かいます。

ここでも、伊勢海老などとともに、蟹が出て参りました。

どんなにお好きなものではあっても、連日、二杯ずつの蟹は頂くことができません。

立ち振る舞いのしっかりされていた若い仲居さんに、男性は「蟹を食べますか」と聞いてみました。

すると、仲居さんは嬉しそうに「ハイ」とおっしゃるのです。

お二人とも驚きつつ、同行者のかたは、そうはいっても蟹を下げたらそのまま厨房に戻すのだろうと思われていました。

男性は、再び給仕に入った仲居さんに、「そのまま厨房へ戻しますか」と聞いてみると、仲居さんは「いいえ」と答えたそうです。

そして、「それでは、この後にいただいてきますね」と素直に語られたのです。

とても素直な人柄の仲居さんだったのです。

お二人は、この仲居さんとさらに話を続けました。

その際、仲居さんは、「ダイビングのインストラクターの資格を持っているので、将来は沖縄に行ってみたいです」と話しました。

それを聞いて、今度はお二人のほうが驚きました。

男性が、沖縄からいらしたことを知らないでそうおっしゃっているためでした。不思議な縁を感じた男性は、沖縄に来るときには連絡をどうぞ、と自らの連絡先をお伝えになりました。

その日、早速しっかりした御礼の言葉が仲居さんから届きました。その言葉をお伝えになられた男性は、同行者のかたに、再びこの地に行く機会があった時には、あの仲居さんに蟹を存分に食べさせてあげようと話されたのでした。

末の娘さんよりも若い仲居さんです。

この仲居さんは、大好きな蟹が食べられると思って宿に勤めたものの、実際には食べる機会が全くなく、職場と寮との往復の毎日を送っているということでした。

仲居さんは中学時代までに御両親が離婚していたため、高校は自分で学費を出して通ったそうです。毎月八万円、ピザの配達をしてお金を得ていました。お父さんは、義務教育が終わったのだから家にもお金を入れろ、という人だったそうです。

仲居さんは、妹のサポートもしていました。

そんな女性だったから、就職後も仲居さんとしてのお務めをしっかりと励んでいらしたのでした。

ほどなくして、再び男性がこの地域を訪れる機会がありました。

男性は同行者のかたに、あの仲居さんに連絡をしてみようか、と話されると、仲居さんは一日お休みがいただけることになったとのこと。けれども、残念ながらすでに蟹の季節は終えていたため、男性はどこでなら蟹がいただけるのかをリサーチしました。

すると、天橋立ならば可能だということがわかりました。

日本三景として知られた天橋立には、伊勢神宮にお祀りされている天照大神様と豊受大御神がこの地からお遷《うつ》りになられたと語り継がれる、「元伊勢」の籠《この》神社がございます。奈良時代に丹後国一宮となり、本殿正面には、伊勢神宮とこの籠神社にしか祀《まつ》ることを許されていない五色の座玉《すえたま》が置かれております。

神代の時代、天の伊弉諾《いざなぎ》様が地上の籠神社の奥宮にいらっしゃった伊弉冉《いざなみ》様のもとに通われるためにご活用された、梯子の逸話（「天の浮橋」）が伝承されているのが天橋立でした。

男性と同行者は、仲居さんを籠神社まで御案内されました。シンデレラの馬車ならぬ、時の首相のようなかたも乗るすばらしい車での移動です。

仲居さんは、これまであまり神社に行かれたことがなかったとのことで、男性は「元伊勢」と称される由緒正しき天橋立の籠神社で手水の作法なども教えてさしあげました。

「元伊勢」で参拝したあとは、いよいよ蟹料理が運ばれてきます。

仲居さんは、夢のようだと何度も何度も感謝し、感動されていました。

どこか行ってみたい場所は、という話になった時、仲居さんは広島の原爆ドームを挙げたそうです。日本人として知っておきたい場所ですから、と。二十三歳でこんな思いでいらっしゃるかただからこそ、天は御褒美をさしあげたのかもしれません。

こどもの頃から家庭で苦労してきた仲居さん。これまであまり他者に優しくされてこなかった仲居さんに、男性は、「いい結婚をしないさいね」と励ましてあげたそうです。


男性は、こんな話もしてくださりました。

男性が三十代の時の話です。

沖縄で、ある施設の所長をしていた頃、大阪の七十代の経営者が、そこを買い取りに来ました。お給料をアップするだけではなく、新車の購入もしてくださるなど、破格の条件付きです。もしここに君が残って一緒に仕事をしてくれるなら、と語られたそうです。

男性は翌朝、空港までこの経営者のかたを車で送っていくとき、こんなふうにお答えになられたそうです。

「○○さんはおいくつですか。日本人の平均寿命は御存知ですよね。平均寿命まであと数年になった時に、さらに新たなお仕事をなさろうとするのでしょうか。死ぬまでお金儲けですか。人間は六十歳を過ぎたら、どんな死にかたをするのかを考えてもいいと思います。もう何年もお墓参りをしていないとしたら、御先祖様に御挨拶をされて、あの世への旅立ちの準備をはじめてもいいのではないでしょうか」

七十代の経営者のかたはそれを聞いて、車の中で泣き出してしまったそうです。はじめは「くん」づけで呼ばれていたものが、やがて「さん」になり、ついには「先生」と呼ばれるようになっていました。

経済活動のために常にアクセルを全開のまま七十代になっている人は、決してこのかたばかりではなかったと思います。その過程で大事なものを犠牲にしたり、置き忘れてしまったものがあることを、ご自身でお気づきになられていらっしゃったのでした。

七十代の経営者のかたは、男性に「友達になってくれんかな」とおっしゃって、後日、男性が大阪に行った時には、運転手を付けずに自ら空港まで出迎えにいらしてくださったそうです。

夕食後には、夜空が仰ぐことのできるプールサイドで、次のようなお話もしてくださりました。

男性が四十代。あるバスツアーに参加した際のお話です。

福岡県から来られていた、ある経営者がいました。

最初は威張っていて、私は政治家や医者や弁護士としか付き合わないとおっしゃるようなかただったそうです。このかたは、現在入院中のお母さまのために個室をとって、介護者を付けてあげていたとのことでした。〇〇くんも親孝行しているか、と聞いてきたそうです。

男性は、こんなお話をされました。

男性のお父様が七十二歳になったある日、「どこかに旅行に行きたい」とつぶやかれたことがございました。村で信頼されていたお父様は、働きに働かれていたかたです。けれども、足の事情もあり、これまで一度も県外の旅行に出たことはございませんでした。男性は、念願の親孝行ができると喜びました。行くなら屋久島だ、と思っていたとき、ほどなくして新聞広告に屋久島ツアーが掲載されたのです。

そこに参加することに決めました。

松葉杖を用いながら、農作業をし続けたお父様のために、男性が用意した屋久島ツアー。お父さまのみならず、お母さまのぶんも一緒に申し込みました。

港から大きな旅客船に乗っての旅のはじまりでした。

桟橋から船に乗るには、長いタラップを歩かなくてはなりません。

お父さまのあとに長い列ができてしまっていましたが、気丈なお父さまは自力であがろうとされます。けれども、他の乗客のことを考え、男性はお父さまを背負って船に乗ってもらったのです。

お父様は、屋久島についてからも紀元杉までは松葉杖で登るつもりでした。けれども、一行に遅れがちになってしまうことを懸念した男性は、皆さんに迷惑がかからないように、と言って、お父さまを背負って山道を歩かれました。男性は、当初からそのつもりだったのです。

歩きづらい山道でも、親孝行ができることが嬉しかったので、男性は背中のお父さまを気づかいつつ、母の状況も見ながらゆっくりと進んでいきました。途中から、お父さまが涙を流されているのを感じて、男性も涙ながらに山道を歩まれました。

川のせせらぎや小鳥のさえずり。

遥かな歳月、大地に根を張り続けた樹々の風格ある姿。

それを目の当たりにすることができ、お父さまはとても喜んでくださったそうです。

こうして、屋久島の旅に参加できたお父さまにとっては、生涯語りたくなるすばらしい体験でした。

男性は、福岡のかたにこの時のお話をされました。

すると、経営者のかたは、「負けた」とおっしゃったのです。

翌日、「僭越《せんえつ》ながらとなりに座らせていただいてもよろしいでしょうか」とバスの中でおっしゃられたそうです。

ツアーの帰りに、このかたは、「一度私の会社に来てください」と男性にお願いしました。

「自分は会社で独裁者になってしまっているかもしれないので」と。

初めての海外旅行が、当時は返還前の沖縄だったというこのかたは、ご自宅に博物館をつくり、南極のペンギンの剥製《はくせい》を置いていました。若い頃、ある国に向かうことになった際、電車内でその国の言語を学び、現地で使いこなす任務にあたったほどのエリートでした。このかたは、六十歳を過ぎて新たな言語も習得し、世界各地を旅していらしたのです。

そんなかたが、年下の男性の親孝行のエピソードを聞いて、すぐに「弟子にしてください」と言わんばかりに、「僭越《せんえつ》ながらとなりに座らせていただいてもよろしいでしょうか」と頭を下げられたのです。

このかたはその後、何度か男性と旅をご一緒されたそうです。

オーロラを観る機会があったヨーロッパでは、こんなことがございました。

昼間、男性が散歩しようとしたとき、このかたも、「一緒によろしいでしょうか」と同行することになりました。知らない地域の山道です。地図をもっての散策ではありません。男性がどんどん進むたび、このかたは元の場所に戻れるのか、次第に不安になってきました。ずいぶん歩きました。大丈夫だろうか、どこをどう戻れば元の場所に戻れるのか、すっかりわからなくなってしまっています。

けれども、男性は動じることなく、そのまま進んでいきました。

すると、やがて元のホテルの裏口にたどり着いたのです。

驚いたのはこのかたです。

全く初めての場所で、何で地図も頼らずにホテルの場所がわかったのですか、と仰天していました。

「○○さん、犬でも元の場所に戻って来ることができますよ」――本来、これは動物にも備わっている能力なのだそうです。

あれから時が経ち、今はスマートフォンで居場所を検索する時代です。けれども、スマートフォンが無ければ自分の居場所もわからず、目的地にもたどり着けない私たちは、本当に進化しているのでしょうか。男性は、スマートフォンを所有したことは一度もなく、現在でもスマートフォンのない生活をされていらっしゃいます。スマートフォンのみならず、これまでパソコンのキーボードを一度も操作されたことがないそうです。

ちなみに男性は、これまで一度もクレジットカードも持たれたことがございません。

男性は冗談のように、「あんなに重たいカードをよくもつなあ。カードの本当の重みをわかっているのかなあ」とおっしゃられるのでした。


こんなエピソードもございます。

南洋諸島の慰霊のツアーでのことです。

ある名高い戦艦艦長の奥様も、参加されている旅でした。

この旅では、そうそうたるメンバーが参加していました。

ここに戦前、軍隊の隊長をされた男性が着物姿で参加していました。ある自治体の首長も務められたかたです。

ツアーのメインの目的である慰霊の段階になった時、参加者たちは、皆でお経を読み上げました。どなたかが紙を用意し、配布したものを皆で読み上げる形式的なスタイルでした。

この供養が終わって、男性は、私も供養をさせていただいてよろしいでしょうか、と参加者の中心人物になっていた着物の男性に問いかけました。

どうぞどうぞ、と言われると、一番後ろにいた男性は前に出て、心を込めて供養をはじめました。

決してお経を読み上げるわけではなく、自らのまごころからの言葉で亡くなったかたがたを弔い、渾身の祈りを、太平洋の真ん中でお献《ささ》げになったのです。参加者は、最も若い男性がこんなにも心を込め、慰霊のために哀悼の誠を献げてくださる姿に、大変驚嘆しました。

ひとたび手を合わせれば、胸にこみ上げる思いが次から次へと溢れ出てきます。参加者たちは皆、静まり返って、最年少の男性の精いっぱいの鎮魂の祈りを聞いたのでした。あまりの衝撃に、終了後、誰一人として口を開こうとはしません。

宿へ戻るバスの中でも、誰一人、言葉を発しなかったのです。

ツアーの中心的な役割を果たしていた人は、うなだれていました。

翌朝、男性の部屋をノックする音が聞こえます。

誰かと思ってドアを開けてみると、着物を着て雪駄《せった》を履いたあの男性が、ドアの前に立っていました。

着物の男性は、こう告《つ》げたのです。

「○○さんは何をされているかたですか。昨日、私はあなたのお祈りに【宇宙】を感じました。まるで宇宙空間にいるように感じられたのです。こんな体験は初めてでした。衝撃でした。○○さん、私は一からもう一度、人生をやり直します」――このかたは、参加者最年少の男性に、こんなふうに頭を下げられたのです。

この着物の男性は、関西のある地域にお住いの、大変な家柄のかたでした。日本国を戦前からリードしてきたと自負していたのです。

そんな人が、男性の真心からの慰霊の祈りに触れ、翌朝、ツアー最年少の男性の部屋までお詫びに来られたのです。

たった一回のお祈りに接したことで、一気に変わることのできるかたの立ち振る舞いを、男性はここでも体験なさったのでした。

ツアー終了後、男性はこのかたの自宅にも招待されたそうです。

近くの神宮を訪問する機会があった際、男性はこのかたの自宅に向かいました。この時、運転をしてくださっていたかたは、ある業界で首領《ドン》と称される威厳のある人でした。同席されていたかたも、女性経営者としてよく知られたかたですが、こうしたかたがたが、

「先生、先生」と四十代の男性におっしゃりながら、同席されていたのです。

着物のかたも、大変驚かれたのではないでしょうか。

御陵の近くにある、石垣に囲まれた御屋敷で、着物のかたは敷地内の茶室で、徳川家康公の茶器を用いて、お出迎えをされました。同席された女性も、実は豊臣秀吉公の茶器をお持ちになられていると知り、着物の男性は驚かれたそうです。

着物のかたは山や絵画など、御自身の資産をお見せになられながらおもてなしをされましたが、この時、運転手をされていたかたも、実はミロの絵画だけで数点、所蔵されているようなかたでした。

男性はおっしゃいます。「空手でも、三段くらいなら強さを見せたくて仕方ないけれど、九段になったら、空手をしていることすら周囲がわからないさ。素振りも見せないね」と。

こんなこともございました。

人知れず旅に旅を重ねる男性に、大きな支援をしようとしてくれた人がいました。このかたは、人を派遣して、一億円を男性に届けにこられたそうです。当時、日給いくらの日雇い労務をなさっていた男性。ところが、男性はそれをそのかたのところにお戻しにあがられたそうです。使い方がわかりません、と。驚いたのはそのかたです。政治家でもどんな人でもお金を受け取るけれど、あなたは他の人とは違う、とおっしゃられたそうです。

こんなこともございました。

あるとき、九十代となった財閥のかたが、男性のもとを訪ねてこられました。奥様やこどもさんたちはびっくりです。どうしてこんな大物がわが家を訪ねてくるのかと。奥様やこどもさんたちでさえ、存在がわかるかたでした。

男性が、このかたと初めて会ったのは、一九七五年の沖縄国際海洋博覧会の頃のことでした。当時、男性は二十代。営業の仕事をしていた時のことです。

このかたは、当時から会社をいくつも経営していました。

時が経って、男性は独立して会社経営をはじめました。

男性が会社の経営をしていた頃、人があまりにお金を借りに来ることが嫌になっていました。お金がないときには、手形まで借りに来るのです。手形とは、記載された金額を、指定した期日に支払うことを約束するために作成される書類（証券）です。手形に似たものに小切手がありますが、小切手は受け取った人がすぐにそれを現金化できるのに対し、手形は原則として支払期日とならないと現金化することができません。現金に代わって、代金を決済する手段として、企業の活動で広く活用されています。小切手を振り出す際には振り出す人の口座に資金がなくてはできませんが、手形の場合には振り出す人の口座に資金がある必要はないのです。そのため、支払期日が過ぎても額面金額を用意することができず、決済ができないという事態が出てきます。これを不渡りといい、半年で二回、この不渡りを出すと、銀行の取引停止処分を受けてしまいます。これは事実上の倒産を意味します。

手形には大変な危険性があり、ひとたび不渡りになってしまうと、借金の肩代わりをしなくてはなりません。手形を他人に託したところ、それを持ち逃げされるケースもあり、手形専門の詐欺師を表す「パクリ屋」という言葉が経済界で定着しているほどでした。

男性は、実は何度かこの手形によって他人の借金の弁償をしたことがありました。手形の決済日が近づくと、男性は精神的にしんどい時期がありました。事業家にとって、手形を守るというのはとても大事なことです。

けれども、ある時、男性はもう事業はやめようと一大決心をしました。次々に人々がお金や手形を借りに来る状況。現在では、「商法」や「手形・小切手法」の教科的なテキストにも「パクる」という言葉が掲載されるほど、手形の盗取がおこなわれる現実を自ら体験し、「自分には事業をすることは向いていない」とわかったのだそうです。

男性は、自ら不渡りを選択しました。

決済日に引き落とすことができないと、銀行からは午後三時に電話がかかってきます。通常はお金が足りません、という連絡があると、銀行に行って足りない分を補填《ほてん》するのが一般的です。

けれども、この時、男性は自ら、「不渡りにしてください」と申し出ました。

驚いたのは、対応した銀行員です。

「それでは、倒産してしまいますよ」と言われたものの、男性は、「人に貸したもので、回収できませんから」と伝えました。

それから、三十分ほどして、再び銀行から電話がありました。

三百万円をもってきている人がいます、と。

男性の会社が、不渡りを出してしまうと手形が利用できなくなるのです。

銀行員は、「決済していいですか」と、男性にたずねました。

ところが、男性は、銀行員に「受け取らないでください」と伝えました。再び、銀行員はとても驚いたものの、もう事業をやめようという男性の決心に変わりはありませんでした。

男性は、自ら不渡りにしてもらう道を選んだのです。

通常、このような選択をする人はほとんどいません。

倒産すると、社長は逃げて隠れる人もいるのが現実です。

姿をくらまし、そのまま行方不明となる人もいます。

けれども、男性は、自らケーキを買って、銀行に向かいました。

カウンターに立つと、男性は何十名もの行員《こういん》に頭を下げました。そして、次のように挨拶をしたのです。

「長い間、お世話になりました。皆さんには大事にしてもらってありがとうございました。こんなことしかできませんが、少ないですけれど、どうぞ皆様で召し上がってください」

そう言って、男性はカウンターに購入したケーキを置いたのでした。倒産する社長が、自ら、お世話になった銀行に逃げも隠れもせず、しっかりと挨拶に来て、行員、皆に頭を下げる、ということはめったにない光景でした。はじめて、こんな体験をした行員もいたことでしょう。

皆に頭を下げるまだ三十代前半の男性を見て、一人の行員が立ち上がりました。この人は、副支店長でした。

「○○社長、そんなことおっしゃらずに、お仕事を続けてください」と。

副支店長は、男性にこう言葉を続けました。

「私が力になりますから」と。

全ての行員の前で、副支店長は男性にこう伝えたのです。

「あなたみたいな人は初めてです。あなたのようなかたとなら、私は銀行を辞めて、一緒に新たな事業をはじめたいと思います」

このかたは、名のある家柄の人でした。

そんなかたが、銀行を辞めてでも、男性を助け、男性とともに新たな道を開拓したいと名乗り出てくれたのです。それも、全ての行員の前で。男性は、大変にありがたいと思いつつ、それでも、こんなふうに副支店長に語りました。

「せっかく、いいお仕事をなさっていらっしゃいますから、どうか僕のような者のために、一生を棒に振らないでください」

男性は、全ての行員が見ている前で、そう語り、奇蹟のようにありがたい申し出をしてくれた副支店長に感謝しつつも、申し出を辞退されたのでした。

三十代前半で、お世話になった銀行にも礼節を尽くした青年社長と、そんな青年のために自らの地位や安定をなげうってでも、支えたい、支援したいと、皆の前で申し出てくれた副支店長と。

その場にいた行員のかたがたにとっても、こんな状況はなかなか体験できるものではないのだと存じます。

男性は、自らの会社のすべての従業員にも御礼の言葉とともにしっかりと給料を渡し、事業家時代に終止符を打たれたのでした。

こうして、三十代だった男性は裸一貫となり、日当六千五百円で日雇い労務への道に入ったのです。

今まで羽振りよく社長をしていた人がばっさりと辞め、ボンと日雇い労務をすることができる——男性のそんな姿を、このかたは御覧になられていたのです。

ある時、このかたが男性に悩みを打ち明けました。

男性が三十代、このかたは六十代です。

いくつもの会社経営をしていたかたは、経営者が決して自由ではないことを実感していました。従業員をまとめ、従業員の家族にも思いを寄せる日々。それが一社、二社ではなく、十何社となると、もはや事業をしたくない、という思いになっていました。もうやめたいなあと。

この時、男性はこんなふうにそのかたにお話しされました。

「○○さん、自由になるのは簡単ですが、会社にはお勤めしている、○○さんのこどもたちもいます。この会社を「学校」だと思ったらどうでしょうか。今、〇〇さんが会社を辞めてこどもたちに経営上のアドバイスをしても、もう自分たちで経営しているのだから、と親子げんかになってしまうかもしれません。けれども、会社の上司であれば、息子たちの教育もできます。会社を【学校】――〝人生の教育の場〟だと思ったらいいかがでしょうか」と。

六十代の経営者に、こんなアドバイスをできる三十代がいるでしょうか。会社はお金儲けの道具だと思う人がたくさんいる今、お金儲けのために、人がだまし合いをしている世の中です。もし、会社を「人生の学校」だと思うことができたら、社会はどう変わるでしょうか。

当時から、経済界のドンと呼ばれるような大物に、三十代の男性はこんなアドバイスをなさったのでした。

頷きながら男性の思いを聞いていたこのかたは、九十代となった今でも会社をいくつももち、いろいろな分野の会社を「人生の学校」として、経営されていらっしゃるのでした。

男性はかつて、ある社長から、「今から債権者会議に行こう」と言われたことがありました。日当六千五百円で働く男性が、その会社の制服を着て、債権者会議に出席したのです。

社長は、当時から、なかなか手に負えないような難問があると、男性に声をかけていました。債権者会議がこれまで何十回も開催されたものの、いっこうに話が進まない、埒《らち》があかない事案がありました。

通常、倒産が出たら、債権者会議がおこなわれます。

この時も、倒産してしまったある会社の社長に対して、数十名もの人たちが寄ってたかって、自らの貸し付け分の回収に躍起になっていました。倒産を出した社長はすっかり開き直って、命でももっていけ、というかんじです。

債権者は皆、自分たちのお金を回収しようとすることばかりの議論が続きます。三十代の男性は、いても立ってもいられずに、立ち上がりました。

「皆さん、人を殺してまで、お金を取れませんよ。生かしましょうよ。生かすことを考えましょうよ……。人を生かしてからしか、お金を回収できないのですから」

男性がこう言うと、思いがけない援軍を得て、倒産した社長は喜びました。

けれども、男性は、今度はその社長に語りかけました。

「人に迷惑をかけておいて、あんな態度はないでしょう。開き直ってばかりいないで、皆にしっかり謝って、一生懸命に働いて、返していきましょうよ」と。

今度は債権者たちが、そうだ、そうだ、という顔になりました。

年上ばかりの債権者会議で、三十代の男性が、双方に言うべきことを言って、たった一度で双方を納得させたのです。

これまで、全くまとまらなかった債権者会議が、一度でおさまりました。

債権者会議のあと、男性は両方から食事に誘われたそうです。

まるで、月光仮面のようでした。

そして、会議が終われば、会社の制服を脱ぎ、男性はまた日雇い労務へと戻っていきます。

後日、不渡りを出した社長が御礼を言いに来たものの、男性は日雇い労務をしています。

社長が、今日はいないよ、と言ってくれたのでした。


あるとき、男性はこんな夢を見ました。

山の中をさまよい歩きながら、何かを探している夢でした。

あちこちをうろうろしていると、山の中に神社がありました。この神社は、壊れかけていました。


目が覚めて、男性は、実際にその山に行ってみました。

すると、本当に夢で見た神社があったのです。

そして、夢の通り、神社は壊れかけていました。

名前もわからない神社で、男性はどのような経緯で建立されたものなのか、地域の区長さんを訪ねて、うかがってみました。もし村で管理している神社なら、区長さんにお伝えすればいいと思ったのです。

対応してくれた区長さんは、これは村のものではなく、営林署のものだと教えてくれました。営林署は、現在の「森林管理署」で、林野庁地方支分部局の関連機関です。

以前に、山を切り拓く際、山の上に神社を祀《まつ》ったものでした。

地域のおじいさんが掃除をしたり、水を替えたり、管理をしてくれています、と教えてくれました。


男性は、直接このおじいさんのもとを訪ねてみました。

すると、八十代くらいにお見受けされたおじいさんは、びっくりしながら、「あっ、あなたですか、神様の選んだかたは」と、男性に語ったのです。

今度は、男性が驚きました。

おじいさんに詳しい話を聞いてみると、神社が壊れかけてしまって、自分一人ではどうしようもないので、「自分を助ける人をよこしてください」と毎日、神様にお祈りをしていたそうです。

そこに登場したのが、この男性だったのでした。

男性は、おじいさんから、「神様のお選びになられたかたなのですね」と迎え入れられました。

男性は話をうかがうと、おじいさんに、「僕が代わりに県庁に行ってきますね」と引き受けてさしあげました。沖縄本島北部にあるこの地域から県庁のある那覇市までは、車でも往復四時間以上はかかります。それに、難しい書類をいきなり「提出せよ」と言われても、長年、土とともに生きてきた八十代のおじいさんには、書類づくりはとても難儀《なんぎ》なものでした。

男性は、このおじいさんの思いを受け、那覇市の県庁まで代わりに向かいました。もし、あと一回台風が来たら、完全に壊れてしまうような状態でした。県庁に向かい、丁寧に、この状況ですのでぜひとも直してくれませんか、とお願いにあがったのです。毎日神様にお願いし続けたおじいさんの思いを受け、何としても一刻も早い改修を、と願ったのでした。

それから、半年ほど経って、男性は再び連絡を受けました。

半年経っても、壊れかけの神社に全く手がつけられていない状況でした。

男性は、毎日祈り続ける八十代のおじいさんのことを思いつつ、半年間も何もしないという行政の対応が悲しくなりました。まだ男性が若く、血気盛んだった頃の話です。

男性は、知人に運転を依頼し、もし三十分経っても車に戻ってこなければそのまま戻っていいから、と伝えて、県庁に入りました。すでに腹を括《くく》っていました。もしもの場合には、警察に通報されることさえも覚悟の上で県庁に向かったのです。

当時、県庁は建替工事をしていて、仮庁舎となっていました。あと一度台風が来たら、すべてが壊れてしまうような神社をそのまま半年間も放置しておいて、自分たちの庁舎は壊れてもいないのに、建替作業のまっただ中でした。


中に入ると、男性は、「ここで一番偉いかたと会わせてください」と声をかけました。

中には、百名ほどの人たちがいたでしょうか。参事が現れ、自らの部屋に通しました。

窓口業務の若い世代とは違い、人生経験を重ねた六十代と思われる参事が、男性の思いを自室で聞いてくれることになったのです。

男性は半年前にもここに来たことを告げ、なぜいっこうに神社の改修がなされていないのかと参事に語りました。沖縄本島北部から往復四時間以上もかけて県庁まで来ている男性の思いを、参事はしっかり聞き、受けとめてくれました。もう一度台風が来たらすべて壊れてしまうような状況だから、どうか急いで直してほしいと語る男性の思いを理解して、すぐに実行してくれたのです。

やがて、神社の改修工事が実施され、新たに「鳥居」までつくられていました。男性は、弱い立場の人たちにこのような立ち振る舞いをすることは絶対にありません。大きな権力に対しては、時には腹を括《くく》ってでも語るべきことを語られるかたなのでした。神社が改修されたことで、八十代のおじいさんはどれほど安堵《あんど》し、どれほど安心されたことでしょう。

このようなお人柄を、地元で名高い経営者のかたは御覧になられていました。

このかたをはじめ、三十代の男性に事業をさせたい人たちはたくさんいました。けれども、二十代から事業をしてきた男性は、三十代半ば以降は、事業欲が全く消えていたそうです。

財界の大物と言われるかたが九十代となった今でも男性のもとに来られるのは、こうした半世紀近い信頼関係があったからなのでした。

ある経済界でとてもよく知られた別のかたは、男性にこんなこともおっしゃいました。

「日本国民は、確かに戦後の廃墟から見事に立ちあがり、日本国は完全な復興を見せました。そのことについては、国民の努力と勤勉に対して心からなる敬意を表するものです。しかし、私たちは新製品を開発し、国民が便利になり、皆が幸せになることを夢見てきました。そして、いつのまにか、製品開発のために休むことなくアクセルを踏み続けてきました。当時は経済人としてあたりまえのことであり、特にそのことが、悪い結果に結びつくとは思わなかったのです」。

けれども、この経営者のかたは、御自身たちがどれほど罪深いことをしていたのかにやがて気づかれたそうです。一家団欒のひとときを茶の間から奪ってしまったこと。人間の努力の歓びを奪ってしまったこと。生産拡張のために、世界の資源を大量に消費し、自然破壊を推進し、さらには大気汚染の原因をつくることになってしまったこと。自社の業績拡大戦略を推進してきたために、人類のみならず、万類が住めないような地球にしてしまったことを、大変悔いておられたそうです。

「自動車にはアクセルとブレーキが両方ついているのに、人間は目先の欲が先に立ち、アクセルを踏みっぱなしでブレーキを踏むことをしませんでした」と、反省されていらっしゃいました。

男性も、かつて日雇い労務をし、時給いくらというお仕事をして初めて自身の価値や、お金の価値がわかったと話されています。

今、この世の春を謳歌しているような各界のトップの人たちの中にも、お金の価値がわからずにとんでもない使いかたをしている人がいるかもしれません。

「一億円の価値はわかっても、一円の価値がわからない人たちが、世の中を動かしているね。苦労をしたこともなく、庶民がどれほどの思いで働き、生活しているのかがわからない人たちが……。戦前の昭和初期や戦後の復興期はみんなが助け合って、働いた。渋沢栄一さんも松下幸之助さんも苦労して、そのあとにリーダーとなった人だから、一円の価値もわかるのではないかな」――男性はこんなふうにおっしゃったことがございました。

亡くなって、あの世に戻ってから後悔をしても遅いのです。していることが、こどもたちなど次世代の心や未来を蝕《むしば》むようなことがあってはならないと、自身の仕事にも気を配ることのできる者でありたいと思うのでした。

男性はかつて、海外旅行中の帰国時に、免税品の酒や煙草をご自身が買ったものという体《てい》で持ってもらえませんか、と頼まれたこともあったそうです。おそろしいまでの人間の欲です。人によってはただで渡されても決して貰《もら》わないようなものを、他者にまで持たせて入国させようとする欲の深さ。

ある国への旅で、男性はこんなこともお話しくださりました。

王の役割とは人々を支配したり、奢って好き勝手にふるまうことではありません。権力を背景に、贅沢をしたり、国民や他国に横暴に立ち振る舞うことではないのです。現代の権力者の中には、まるで自分自身こそが法律なのだと言わんばかりに立ち振る舞っている人がいます。権力者でない私も、傲慢に、自分こそが正しい、自分こそが正義なのだと立ち振る舞ったことが幾度もありました。お山の大将でした。

本来、王とは支配する存在ではなく、天の心を地にならしめる役割なのだそうです。言葉を換えれば、王とは、【天と地と人をつなぐ人】。まるで、「王」という文字のように。「王」の文字の三本の横線が、上が天、下が地、真ん中が人だとします。たった一つの縦の線で、この三つの横の線をつなぐのが、王たる者の役目なのではないでしょうか。天の心を地にならしめる――それが「王」の役割。そして、この王という文字を囲むと、「国」という文字ができあがるのでした。

ある夜、男性は大きなハブが道に横たわっているところに遭遇したそうです。沖縄にいても、一生に一度もハブに会わない人がいる中、男性は車を降りて、ハブに語りかけました。すると、ハブは道をあけてくれ、左側の木にするすると登っていきました。

その時です。

頭の上のほうで突然パタパタと音がしました。

何か、と見ると、タカがいるのです。

夜でしたので詳細はわからなかったのですが、トンビかサシバだったかもしれません。どちらにしても、タカ目タカ科の鳥に思われました。

縄文時代の遺跡から骨が見つかるタカは、その風貌から、世界各地で「鳥の王者」と称されることが多い存在です。モンゴルでは、「タカ」という言葉は、力のある者の象徴として、名前にも用いられます。

そんなタカが右側の頭上にいて、左側には木に登った大きなハブがいます。男性は、その真ん中の道に立っていらっしゃるのでした。

「天」を往く鳥と、「地」を這う蛇の真ん中に、「人」でいらっしゃる男性が立っている姿――こんな不思議なこともあるのですね。

男性はかつて、こんなことをおっしゃったことがございます。

「平和とは、続いていくことなんじゃないかな」と。

世界の聖者と言われる人の中で、男性は紀元前五五一年から紀元前四七九年まで地上に生を授かっていた孔子翁のすばらしさを語ってくださったことがございました。

『論語』で知られた春秋時代の哲学者・孔子翁。

孔子翁の子孫は、今でも健在なのだそうです。

ずっとつながり、続いている尊さ。

これこそが、平和。

引き継いだものを、次の世代に受け継いでゆくことのできるいのちのバトンリレー――モンゴロイドである私たちの肉体のルーツの地に立つことができ、これまでどれほどの御先祖様がいてくれたから、今こうして自分がいられるのだろう、とあらためて思うのでした。


かつて、男性のもとに生きる気力を失っていた娘さんが来られたことがございました。いろいろなお話をされる中から、「この人に命の大切さに気づいてほしい」という思いになられたそうです。

「あなたは、自分がどのようにしてこの世に生まれたか、考えたことがありますか？あなたはこの世に生まれるのに、何万人という自分の兄弟を犠牲にして、生命を授けられたことを知っていますか？ まずあなたは、偶然にこの世に生まれてきたのではありません。あなたの魂は、あなたがこの世に誕生する前から存在しています。あなたの魂とは、あなた自身のこと。天界には天界の仕組み、人間が生まれてくる仕組みがあるのです。天界の仕組みにおいて、この時代にあなたが地上に生まれ出る予定が決定されます。あなた自身の意志で、あなた自身が決めて生まれてきたのです。この地球上での生活環境や両親の境遇も、すべてあなた自身で選んで決めているのです。

あなたは両親を選び、この世に生まれることになりました。父親の精子と母親の卵子が受精して生まれることとは、学校でも習ったことがあると思います。でも、もっと大事なことがあるのです。皆、そのことに気づかずに自分の人生を間違ってしまうのです。よく聞いてください。精子というのは、あなたの魂、あなたの生命、あなた自身を引き受けてくれる身元引受人です。お父さんの精巣のなかには、何億という精子が待機しています。そこに、今度あなたがこの世に生まれるというシグナルが送られます。

そのタイミングの仕組みで、射精がお母さんの膣のなかにおこなわれ、何万という精子の兄弟が送り出されるのです。あなたは、自分を引き受けてくれる精子は誰だろうかと心配したはずです。何万という精子の兄弟から、一人の力強い精子が名乗り出て、今度生まれるこのかたは私が引き受けた、ということで、他の兄弟たちを押しのけて、卵子に突入したのです。卵子はあなたを受け入れる肉体の元になるもの。しかし、肉体は卵子だけではできません。精子との共同作業でしかできないのです。それだけでもありません。あなたという魂と、あなたを引き受けた精子と、あなたの肉体の元になる卵子の三つが一体となって、お互いに励ましながら、月満ちてこの世に誕生したのです。

今のあなたという肉体は、あなたという魂がこの世に誕生する時に、私が引き受けますと元気に名乗り出てくれた精子のおかげで存在していることを忘れては困ります。少なくとも、あなたという魂、すなわち生命体が天寿を全うするまで肉体を健康に大切にしてもらわなくては困るのです。犠牲になってくれた多くの兄弟たちに、すまないと思いませんか？　あなたという魂は、今回この世に生まれ出る時に、天界の仕組みの中で、世のため・人のためにお役に立てるよう精いっぱいがんばります、と誓いを立ててきたはずです。その誓いを立ててきたあなたという魂を、途中で放り投げるというのですか。もしそうであれば、あなたは他の精子兄弟にあなたの身元引受人を任せるべきでした」。

娘さんは泣き崩れて、自分自身にお詫びしたそうです。

その後の雑談の中で、だんだんと明るさと生気を取り戻していきました。

やがて、この娘さんからは、「結婚して、こどもが生まれ、母親として元気にがんばっています。生命の尊さを教えていただき、ありがとうございます」というお手紙が届いたそうです。

男性はかつて、こんなことをお話しされたこともございました。

「僕は、高校も事故のため五年かかって卒業し、たいそうな知識を持っておりません。そんな僕が皆さんにこうやってお伝えできる唯一のことは、心の小さな芽生えを大切にして、一歩を踏み出してほしいということです。僕は何とかこどもたちを救いたい、何か自分にできることはないかと踏み出した一歩をそのまま歩き続け、今も歩いているだけです。こうあるべきだと言いません。ただ、おこなうだけです。我々は皆、善なる魂を宿しています。目覚めとはその魂の扉、本当の心の扉を開くことです。それは、自分自身にしかできません。周囲はせいぜい手伝える、きっかけを作れるくらいです。目覚めて、一歩踏み出すこと。おこなうこと。それが二十一世紀につながる大切な鍵なんです」

古宇利島という島が沖縄にあります。

古い宇宙の「理《ことわり》」を「利」と書いて、「こうり」と呼ぶ、餅のかたちをした島です。

そこにこんな伝説があります。

かつてこの島に、アダムとイブのような、二人の人間が降ろされました。二人は天の神に生かされ、天から毎日降ってくる餅を食べて、楽園をつくって楽しく暮らしていました。

しかし、二人はいつの間にか、人間の言葉でいう「知恵」を持つことによって、天を疑ってしまいました。

「もしこの餅が天から落ちてこなくなったら、自分たちはどうなるのだろう」と。そして、明日からは半分食べて、半分貯えようと考えたのです。

ところが、翌日からは餅が落ちてこなくなりました。神を疑った時、自然を疑った時に、初めて人々は自ら働き、神に生かされるというよりは自分たちで生きることになりました。

田・畑から始まり、やがて人々は自然をどんどん破壊して、長い歳月の間に神を忘れてしまったのです。大地への感謝、海への感謝、自然への感謝も薄れてしまいました。

本来、表に出て人を導くはずの役割の人も道を失い、神に仕える人たちでさえ我欲に走り、人工衛星のごみで、宇宙さえも汚してしまいました。

男性は、ある国で、「松竹梅」のお話をしてくださったことがございました。よく、「松竹梅」という言葉が使われます。なぜ、「松」と「竹」と「梅」なのでしょうか。突然、問われて、大学で教鞭をとる私は思案にくれました。おめでたい席などでよく「松竹梅」という言葉は使います。「松竹」という映画の会社もございます。日常で言葉を使うことはあっても、「なぜ、この三つなのか？」と問われると答えに窮《きゅう》してしまうのでした。

「福禄寿」も、いったいなぜ「福」と「禄」と「寿」なのでしょう。

私は、全く考えたことがございませんでした。

男性はまず、「竹」についてお話くださりました。

「竹には節目があるね。これはきっと、代々つながっていくこと――そんな思いだったんじゃないかな」

「天皇は一代だけすばらしくてもそこで終わりでは仕方がない。代々つながっていくからこそ価値があるんじゃないかな」――こうしたお話を賜りながら、私はかつて「平和とはつながっていくこと」だと教わったことを思い出しました。

私自身、結婚もせずに一人で自分勝手に生きていた頃にはわからなかったことがございます。結婚をし、子を授かり、孫を見る両親の嬉しそうな顔を見るにつけ、やはり「平和とはつながっていくこと」なのだ、という言葉をあらためてかみしめます。

次は「松」です。

「松」には、他の樹木が生えないような岩や砂だらけの荒地でもよく育つ「力強さ」があります。昭和天皇は、松の「雄々しさ」を語られたことがございました。

他の樹木と比べ、可燃性の樹脂を多く含み、マッチ一本でも着火できるため、焚き付けにも用いられました。松脂《まつやに》と呼ばれる樹液も、よく燃える燃料でした。第二次世界大戦中の日本では、掘り出した根から松脂を採取し、航空機の燃料としようとしたこともあったそうです。他の樹木と比べて燃焼熱量が高いことから、陶磁器を焼き上げる登り窯や、金属加工の鍛冶用の炭としても用いられました。「たいまつ」を漢字で書くと「松明」です。

「松の実」は食用となる他、若葉を砂糖水に浸しておくと炭酸ガスが発生し、サイダーにもなります。韓国や日本でも、サイダーの香りづけに用いられてきた松。松葉を煮出しお茶として飲むのは、洋の東西を問いません。

国内のある村では、松脂を油で溶いてあかぎれ薬にする伝統があるなど、薬用にも用いられてきました。樹皮を発酵させて堆肥化したものは、土壌改良にも役立ちます。

魔除けや神様が降りてこられる樹木としても知られ、正月の門松には、神様を出迎えるという意味合いもあります。思えば、天女が降りてこられた「羽衣」も、「松」の伝説です。天橋立、虹の松原、松島など、松の名所は各地にございます。

こんなに尊ばれ、親しまれ、しかも燃料にもなる力強さを湛《たた》えた「松」。

「松竹梅」という言葉が生まれた時代には、奇蹟の植物だったのではないでしょうか。古来、王様や皇帝ゆかりの宮殿に松が植えられていることも多く、「松」は「力」の象徴ともいえる存在です。

そして、「梅」です。

「百花のさきがけ」とも言われるほど、白雪の残る時期から花を咲かせてくれる梅。潤いや優美さ、女性的な繊細さも感じられます。「松竹」が男性的なら、「梅」は女性的です。美しく、見る人を癒し、鼓舞させてくれるすばらしい花。花があることで、この地上もどれほど魅力に満ち溢れた場所となっていることでしょう。

ところが一方で、あまりにまで度が過ぎると、今度は「梅毒」となってしまいます。ある国の旅で、男性からそれを教えて頂き、初めてあの美しい花の名前が「梅毒」という病にも用いられていることに気がついたのでした。

美しさの「梅」と、過剰に過ぎた「梅毒」と。

あらためて驚嘆致しました。

書物で書き表すことが一般的ではなかった時代にも、先人は大事なものを、植える植物によって教えてくれていたのかもしれません。こんなふうにご解説くださるかたは、大学で教員をしている私にも初めてでした。

男性の旅には、よく大学の教員も御一緒されますが、体験から学ばれた知恵をもつ男性は、各分野の大学教員たちからも慕われ、「先生」「先生」と呼ばれていらっしゃいます。

男性が慕われるのは決して、大学の教員ばかりではありません。

ある国を旅していた際、男性はスチュワーデスに、「夕食にどこかいいところがありませんか」と相談したことがありました。スチュワーデスは頷くと、待っていてください、と着替えて迎えに来てくれました。

この国は、公共交通網が充実していて、平均五分に一本ほど来る列車が空港と街をつないでいました。通勤・通学はもちろん、観光客が街に行くまでの手段としても、速くて快適な移動手段でした。車内では飲食が禁止されているため、清潔で、国内外の人々に親しまれています。

スチュワーデスは、この切符のチケットを男性のぶんまで購入してさし出すと、レストランに男性を案内してくれたのです。男性は御礼に食事代を出すつもりで高めのものを注文しました。いいお店を教えてくれた御礼に食事代を出そうとしたものの、実はすでに食事代もスチュワーデスが払ってくれていたのでした。

「私もいつか日本に行ってみたいです。あなた様から直接学ぶことのできる日本のかたが、うらやましいです」と語りながら。

まるで、現地の女神様から接待を受けたかのようなひとときでした。

男性が世界一周をしていた際、ある別の国では、スチュワーデスが突然、跪《ひざまず》いて、男性に話しかけてきたこともございました。多くの客室乗務員を統率する「チーフパーサー」のかたでした。通常は大統領や首相など、各国のVIPをアテンドすることも多いチーフパーサーですが、「大変失礼かと存じますが、あなた様はどんなお仕事をされていらっしゃるのですか？　通常はこんなことを聞いてはいけないことは心得ているのですが、あなた様はあまりにまで他のかたとオーラが違うので……」と語りかけてきたそうです。

男性は、Gパン姿でした。

「全くはじめてのタイプのお客様で、あなた様はオーラが違います」――スチュワーデスが、自らの名刺を差し出し、こんなふうに問いかけてきたのです。

アフリカを旅行していた際には、スチュワーデスから、突然、ウインクされたこともありました。私はこれまで何百回と飛行機に乗っているにもかかわらず、いまだにスチュワーデスからウインクされたことは一度もございません。夢物語に思えます。

他にも、この男性だけがお菓子をいただいたり、男性だけにお手拭きが用意されていたり……。こうした現場を幾度となく目撃するたび、世界じゅうの女神からモテモテでいらっしゃるなあ、と思ってしまうのでした。

武勇伝といえば、通常は戦いの場面が想像されますが、このような麗《うるわ》しい武勇伝を男性はいくつもお持ちのかたでした。

男性が、奥様とともに、地中海クルージングをしていた時のことです。

男性は奥様とともに、一番上のデッキで海を眺めていらっしゃいました。

すると、そこにインド系のおばあさんがやって来ました。おばあさんは一人でのぼってきて、カメラを持っていました。

おばあさんはジェスチャーで、男性にこちらに腰掛けてくださいと伝えます。そして、奥様に、自らが持っていたカメラを渡したのです。奥様に、男性との二人で映った写真を撮ってもらったあと、おばあさんはそのまま、帰って行きました。

今のは何だったのか、と、夫婦でびっくりし、男性と奥様は思わず顔を見合わせてしまいました。

この地中海クルーズでは、こんなこともございました。

男性は奥様と、居合わせた女性二人とラウンジで、四人でおしゃべりをしていました。女性二人のうち、一人は「お茶の先生」でした。七十代でしょうか。もう一人は「お花の先生」をしていて、「お茶の先生」より一回り若く見受けられました。「お花の先生」は、これが初めてのクルージング体験でした。嬉しそうにいろいろと話し込んでいます。

すると、年配の「お茶の先生」が「お花の先生」に、「あなた、少し静かにしなさい。このかたは普通の人じゃない。本来、あなたが話しかけられるような人ではないのです」と諭《さと》したのです。若い「お花の先生」は、「どういうことですか？」とキョトンとしています。年配の「お茶の先生」は、「わかりやすくいえば、このかたはキリストのような人」なのだと、同行者に伝えたのでした。

そして、「お茶の先生」は、男性にとてもかしこまっていらっしゃいました。

アジアのある国を、奥様とともに旅されたときの話です。

女性参加者ばかりで、男性はたったお一人でした。

まるで、天女様を思わせるような八名の女性たちが参加した、総勢九名のツアーです。

ここに、八十八歳の女性が参加していらっしゃいました。

食事は、円卓で皆が一緒になりました。

男性は黙って、何かを聞かれたらお答えになられるのみでした。

最高齢だった八十八歳の女性は、校長先生をされていた娘さんとこのツアーに参加されたそうです。ある地域で、最初の女子警察にもなられた礼儀正しいかたで、二十二回目のこの国の訪問だったそうです。そんな女性が、最後には、「私は八十八歳になって初めて本当の男に会いました」とおっしゃられたのです。理想の男性として、あこがれの目で御覧になり、最後には、また一緒に旅をしたいとお伝えされるほどでした。この旅で一番よかったのは、○○さんと出会えたことです、と、この女性は最後の挨拶の際に、皆の前で語っておられました。

（五）宇宙全体を見守る親の心は……

おかげさまで、モンゴルに着いて二日目の六月十七日の夜は、星空が広がりました。肉眼で天の川を仰ぐことのできる幸せ。こんなにたくさんの星々を仰ぐことのできる星は、宇宙にいくつあるのでしょう。どれほど奇蹟的なことなのでしょう。

太陽系の向こうには銀河系が広がり、そのまた向こうには……と、限りなく広がっている大宇宙。私たち人間が観測できるのは、宇宙のわずか数%だとも語られます。どれほどの銀河系が、この大宇宙に存在しているのでしょうか。

人間は宇宙に向けて、技術開発のアクセルを踏み続けています。

けれども、本当は、宇宙にまで国際ステーションを築く必要があるのでしょうか。地上の恵みをお互いに分け合いながら暮らしていたら、文明はいつまでも長続きできるものなのかもしれません。けれども、もしも、「アクセルばかりで」宇宙へと進出し続け、ごみが宇宙に放出されてしまうのだとしたら……。

車から空き缶を道路や山に投げ捨てる人がいたら嘆かわしいように、衛星などのごみを宇宙に放出し続ける星があるとしたら、他の星々はどう思うでしょう。

一九五七年以降、人類が頻繁に打ち上げてきたロケットや人工衛星は、二〇一七年現在で七千機以上だそうです。ロケットの一部や運用を停止した人工衛星はそのまま宇宙空間に残され、秒速七から八キロメートルとも言われる猛スピードで地球の周りを廻っているのです。大変凶暴な宇宙ゴミだと言われます。地上から監視されている、大きさが十センチ以上のものだけでも二万二千個と伝えられます。数センチから一ミリ程度のものまで含めると、一億個以上もの宇宙ごみが存在し、なお増え続けてしまっているそうです。回収しないまま宇宙空間に漂い続けている人工衛星が、もしも、宇宙の緻密にして尊い、奇蹟のバランスを崩してしまっているとしたら……。

同じ大宇宙に育まれ、活かされている星々はどう思っているのでしょうか。

かつて、宇宙の親神様は、真っ暗闇の何もなかったところに宇宙をおつくりになる構想をお持ちになられたのかもしれません。姿かたちのなき様々な導き手（護り手）をお産みになられ、やがてビッグバンと称されるひかりを生み出されたのかもしれません。

黄金の色が張り巡らされるが如く、生み出されたひかり。一直線に走るものではなく、網の目のように、網の目を張るが如くに寸分の狂いもなく、宇宙全体の御親《おや》の御心によって大きな星や小さな星が配置されていった日。それぞれの銀河系を導き、御護りされるかたがたも順次生み出されていった宇宙の空間。

そんな宇宙に、ある時、宇宙全体の御親《おや》であるかたは、宇宙のオアシスをおつくりになる計画を立てられたのかもしれません。宇宙の神々様のオアシスでさえあるような場所。たくさんのすばらしいかたがたがこのオアシスづくりに参画してくださった、宇宙のスペシャルプロジェクト。宇宙の塵などを集め、星のかたちが生まれ、別の担当者によって、緑豊かな自然が形づくられていった尊き神々様のオアシス。

太陽系のみならず、宇宙全体にとってもすばらしい楽園の星。まるで、「宇宙全体の御親《おや》」の「御心」そのものであるかのような大事な星。

何億という星々の中でも奇跡的な、水と緑と大地を持つ場所。

そこに風をつくり、火をつくり、植物を繁茂させ、やがて植物の命から動物の命へとつないでいった、大いなる楽園づくりの物語。

宇宙のひな型として、宇宙のすべてを一つにまとめてつくりあげられた、神様が、手塩にかけておつくりになられたオアシス。

海に、山に、空に、地に、すべての生きものをお整えになられ、これでよしとされ、最後にここに、ある生物種《いきもの》が降ろされました。

けれども、オアシスを護るべく降ろされたある生物種《いきもの》は、護《まも》るどころかお互いに争い、殺戮《さつりく》を繰り返し続けました。物への欲だけにあらず、他者を支配する欲さえも生まれ、さらに争って支配を広げようとし、弓矢や刃物、鉄砲、大砲とエスカレートさせ、ついには原爆までたどり着いてしまったのでした。

御親《おや》の御心《こころ》そのものである大自然を壊し、もしも今、親神様の心から血が流れてしまっているとしたら……。こどもたちが目覚めることを信じ、最後の最後まで希望を持ち続けてくださり、かばい続けてくださった親の心にも、もはや「むなしさ」や「わびしさ」さえ生じさせてしまっているとしたら……。

二〇一九年、国連の科学者組織が、「地球で百万種の動植物が絶滅の危機に瀕し、人の活動に伴う生態系の喪失がかつてない速度で進んでいる」との評価報告書を、世界じゅうに向けて公表しました。

モンゴルの天空に広がる満天の星々を仰ぎつつ、遙かなる宇宙に思いを馳せながら、宇宙の親神様の御心を思うのでした。

このすばらしいオアシスを、元の状態と戻すべく、身を粉にして、懸命に懸命に各地を廻《めぐ》り続けてくださったかたが、もしいらっしゃるとしたら……。私たちは、宇宙の親の脛《すね》までかじり続けてしまっていいわけはございません。

男性は、「勉学にはお金がかかっても、心を変えるには一銭のお金も必要ないよ」と話してくださります。「宇宙よりも広いもの」——それは、人の「心」だよ、と。

縄張り争いは太古の昔からあり、戦国時代もそうでした。ただ、原爆の場合は、最も被害があるのが地球なのではないでしょうか。原爆が使われてしまったら、動物や植物も遺伝子が変わってしまいます。その悪影響は、何世代にもわたって続いてしまうのです。

人間は八十年、百年の生涯です。

けれども、地球はもっともっと長く続いていくもの。

人は自業自得でも、他の生きものや地球は、決して自業自得ではないのです。

（六）【父の日】に思うこと

翌二〇一七年六月十八日は、日本では「父の日」でした。

旅に出ていると、折に触れてこどもたちのことを思い出します。

馬に乗ればこどもたちにも乗せてあげたいと思い、小さな花々を見ればこどもたちの笑顔を思い出し、満天の星々を仰げばいつか一緒に見事な星空を観にいきたいと願う心。

こどもたちがいかに宝であるのかを、日々実感致します。

四十歳になる直前まで独身で、勝手気ままに生きてきた私は、もしこの男性と出会うことがなければ、生涯、一人身で人生を終えていました。こどもを授かるということは、私にとってありえないことの一つでした。

親神様は、こどもたちのどんな状況をお喜びくださるのでしょう。どんな心を待ち望んでいらっしゃるのでしょう。

「父の日」を迎え、私にとってのモンゴルの旅は、「宇宙の父親」に対しても、思いを馳せる旅となっておりました。

この日の朝、男性が散歩をされていたら、鳥が飛んできたそうです。

男性が最初に発した言葉は、「あいうえお」というものでした。

旋律《しらべ》を奏《かな》で、節回しをつけた「あいうえお」。

「愛」という言葉にも通じる、「あ」「い」という言葉から始まるのが、私たちの日本国の五十音です。「しん」という言葉は、「親」も「神」も、「真」も「心」もあらわします。「あ」

「い」をはじめとし、天から言葉や言霊《ことだま》を授《さず》けていただいた幸せを思いつつ、鳥たちの鳴き声の響く星で暮らすことのできるありがたさ、歓びを思うのでした。


すばらしい、モンゴルの大草原です。

国土の七十九％が草原の国のモンゴルの中でも、この地域は特別です。

男性も、「このまま帰ることができたらなあ」とおっしゃるほど見事な景観でした。

この大自然を、いついつまでも目に焼きつけていたいと思いつつ、朝の時間を過ごしました。


私たちが乗り込むバスには、海の絵が描かれておりました。

朝食後、自然の斜面に沿って、海・陸・家（宿）・山・天と並んでいることに、男性は気づかれました。

（七）帰国できなかった兵士たちへの祈り

二〇一七年六月十八日、バスは午前中、「チンギス騎馬像」に向かいました。モンゴルの英雄チンギス・ハーン。一一六二年に生まれ、一二二七年まで生きたチンギス・ハーンは、お互いに抗争し合っていたモンゴルの様々な遊牧民の民族を一代で統一した、モンゴルの国家創建の祖として知られた人です。

当時の世界人口の半数以上を統治した、人類史の中でもまれに見る巨大帝国を築きあげた人でした。モンゴルでは、現在では神として称えられています。日本の神話で語られる「須佐之男命《すさのおのみこと》様」や「月読命《つくよみのみこと》様」と同じように、お母様を大切になされるかただったそうです。直径三十メートルの台座に、高さ四十メートルの巨大な騎馬像が建つ近くには、お母様の像も建てられていました。

巨大なチンギス騎馬像の売店には、動物たちがともに助け合う絵が販売されています。ゾウの上に猿が乗り、その上に別の動物が乗り……と動物の世界の助け合い、支え合いを一枚の絵で表現したものでした。

男性はかつてモンゴルを訪問した際、この絵に感動され、描かれたものを購入されたことがあったそうです。


男性がある国を旅した時、こんなことがあったそうです。

ツアーには、この男性も含めて三十六人の日本人が参加していました。

どこからともなく、ツアーバスに一匹の大きな蜂が入ってきました。

女性が叫び声をあげるなど、車内はパニック状態です。

みんなは刺されたら危ないと、蜂を叩き落とそうとします。

蜂も何とか逃げようと、窓に激しくぶつかりながら飛びまわっています。

男性の近くに蜂が来た時、誰かが「早くたたき殺せ」という声が聞こえました。けれども、男性は、スッと窓をあげて蜂を逃がしてあげたのでした。それを見ていた人は、周囲が殺そうとしていたのに、あなたはなんて優しい人なのでしょう、と声をかけたそうです。

しばらくバスが行くと、コスモス畑が見えました。男性は窓に顔を近づけ、「わぁ～、きれいだなぁ」ととても感動しながら景色を見ていました。バスの中の人たちは、男性の純粋さに気がつきました。

やがて、バスはある場所へ到着しました。そこはかつて戦争のために祖国を離れ、日本や愛する家族を思いながらこの地で亡くなった人々が眠る丘でした。

周囲では、写真を撮るばかりで誰も手を合わせようとしません。男性は、案内をしてくれたお礼として帰りにガイドさんに渡そうと用意していた、ビニール袋に入ったお菓子袋を取り出しました。そして、お菓子を外に出したビニール袋に水をいっぱいに入れると、心を込めて手ですくい、一つ一つの墓石に水をかけはじめたのです。お菓子は、全てのお墓にお供えするには数が足りなかったので、記念碑の前に並べることにしました。

男性は、心のままにお祈りをはじめました。

「日本の御先祖様、今日まで、子孫である日本人がこの地に来ていたにもかかわらず、お参りをせずにいたことをお許しください。御先祖様、この地でお亡くなりになられ、さぞ日本へ帰りたかったことでしょう。日本国のために、家族を護るために、この地で命を落とされました。あなた方のお働きがあって初めて、今の日本があるのです。

今、祖国の日本はとても豊かな国になりました。また豊かさゆえに、心のすさんだ人が多くなってきています。どこまでやれるかはわかりませんが、命が尽きるまで、できるかぎりやり遂げたいと思います」

男性は涙を流しながら、お祈りをされたそうです。同じバスに乗った人々の中には、心のこもったお祈りに胸を打たれ、涙ながらに手を合わせていた人もいたそうです。

心を込めたお祈りが終わると、男性は、お供えに使ったお菓子をガイドさんに差し出しました。

「いろいろ案内してくれて、どうもありがとう」と。

すると、お菓子を受け取ったガイドさんは急に泣き出したそうです。

「私は今まで、日本人がこんなに優しいとは思っていませんでした。今まで日本人は、何でもお金で片付ける最低な人だと思っていたのです。でも今日のあの姿を見て、私はなんて馬鹿な偏見を持っていたのだろうとすごく反省しています。日本人の皆さん、本当にすみませんでした。気づかせてくれたことに深く感謝します。私の周りにも同じように、日本人はロクデナシだと思っている人がいます。

今日のことを、ひとりでも多くの人たちに伝えたいと思います」――そう言って、ガイドさんはその場に座り込んで泣いていたそうです。

男性はある時、九州のある自然豊かな地域で中華料理のレストランに入りました。

おじいさまがおつくりになり、おばあさまが給仕してくださるレストラン。とてもおいしく、旅の途中のお弁当もつくってくださりました。感謝の思いを受け取ってほしい、とおつりはどうぞ、とおっしゃるのですが、いえいえ、としっかりお返しくださるかたがたでした。とても善良なおじいさまとおばあさまです。男性は、人間の情に触れたことを嬉しく思いました。お包みくださったお弁当は、その後、滝を見ながら車中でいただかれたそうです。

一方、ある有名なお店に入った時のことです。

カキフライを注文した際、カキが生の状態でした。お店の人に伝えると、マニュアル通りにつくっているのですが、という答えが返ってきたそうです。お客さんが美味しく安全に食べられることが基本であるにもかかわらず、「マニュアル」が大事になってしまっている、現代社会。マニュアル以上に大事なものの存在を、あらためて忘れずに在りたく思います。

六月十八日午後、私たちはツアーの行程で日本人抑留者の霊を祀《まつ》った慰霊公園日本人墓地（ダンバダルジャー墓地）跡を訪れる機会がございました。十四時半頃のことです。

ウランバートルから北東に十五キロほどのところにあるダンバダルジャー墓地。かつてここには、モンゴルで亡くなった八百三十五名の日本人抑留兵のお墓がありました。シベリア抑留兵は有名ですが、モンゴルでも千六百名ほどの人たちが帰国できぬままに亡くなり、こうした墓地はモンゴルに十数か所あるとのことでした。


男性がいらっしゃる前日、日本モンゴル外交樹立四十五周年を記念して、この地に桜の植樹がおこなわれたそうです。二〇一七年六月十七日の植樹。赤十字にゆかりのある人々が植樹に参加されていたとのことでした。男性も、小学校から高校まで、赤十字団の活動に取り組まれていたそうです。

十七日と言えば、伊勢の神宮の縁日です。

桜ということで、このはなさくや姫様のことも思いました。

慰霊を終えて男性がバスに戻られると、たくさんの鳩がいっせいに飛び立っていきました。

あまりのタイミングの良さに、思わず手を合わせたくなるほどでした。

モンゴルと言えば大草原のイメージですが、ウランバートル近郊では、まさかの大渋滞にも遭遇しました。都市化が一気に進んだモンゴルでは、車が増え、随所で交通渋滞が引き起こされていました。

土埃《つちぼこり》、砂埃《すなぼこり》が舞い立つ地域も見られました。

砂嵐のなかでの移動や観光を覚悟した時、雨が降りました。

通常のツアーでは雨というと残念に思うこともありますが、この日はまさに、恵みの雨でした。

この日の夕方、私たちが訪問したのは、チベット・モンゴル仏教の総本山ガンダン寺です。ここは十の僧院・寺院からなる学問寺で、一九七〇年にはモンゴル仏教大学が併設されました。二〇一七年の段階で、九百名もの人々が学んでいました。

私たちが訪ねた十八時頃は、メインの建物がすでに閉められ、鍵を持っていた人たちが帰宅しようとしていたところでした。

ガイドさんも、慌てて交渉しています。

話の雰囲気から、今回は駄目かな、と思ったその時、鍵を持った人が閉めた門を再び開けてくれました。鍵を開けると言っても、一か所のみではありません。中には高さ二十六・五メートル、立ったままでは世界最大級の開眼観音像が祀《まつ》られているのです。まるで何かの封印を解くかのように、複数で、大掛かりに扉を開けてくれたのでした。

私たちツアー一行が入ったことで、モンゴルのお坊さんたちは、一緒に待っていたおばあさんも入れてくれました。迎え入れるお坊さんたちのあたたかさを、現地のおばあさまへの対応に感じました。

男性は三十代の頃、大日如来様のような「知恵」、観音様のような「優しい心」、不動明王様のような「厳しさ」「強さ」――この三つを兼ね備えた人になることを目標とされていらっしゃったということです。

ただ「知恵」のみではなく、「優しさ」だけでもなく、「厳しさ」「強さ」もすべてバランスよく兼ね備えているからこそ、人間はよく生きていけるのだということを、三十代の頃から体得されていらっしゃいました。

宮澤賢治の「雨ニモ負ケズ」の詩にならって、男性は、当時の心境を次のようにお話しくださりました。

権力にも負けず
お金の奴隷にもならず
名誉も欲しがらず
人の痛みを知り
目立つことなく
されど人の役にも立ち
神様仏様にも礼を尽くし
地球に迷惑をかけず
静かに生きていきたい。

そんなお人になりたいと、当時、三十代の男性は思っていらしたのです。

観音様の寺院から外に出られた男性は、現地のガイドさんに、シーサーの流れはエジプトのスフィンクスからはじまったのではないか、ということを語られました。

もともとは、エジプトの王様を護る白いライオンが日本に流れると狛犬になり、沖縄ではシーサーとなり、モンゴルではライオンになったのではないかな、というお話でした。

男性はかつて、エジプトでこんな体験をしたことがございました。

三十代のことです。

夜、ピラミッドやスフィンクスをバックに演奏会がおこなわれました。観光客たちは皆、演奏に聞き入っています。このときが初めてのエジプト訪問だった男性は、スフィンクスに挨拶をしようと、ある瓶の蓋《ふた》に、沖縄から持参していたお水を注ぎました。夜の暗さもあり、誰も見ている人はいませんでした。

すると、何かがまっすぐに男性のほうに歩いてくるのです。

思いがけず、近づいてきたものは……。

それは、スフィンクスから出て来た白い猫でした。

ライオンは、ネコ科です。

一瞬、ライオンにも思えた白い猫が、男性がお供えに注いだ瓶の蓋の水をペロペロと飲み始めたのでした。

男性とかつて韓国にご一緒させていただいた際、こんなことがございました。ホテルへの戻り際に東京駅のような建物が見え、男性は、これがソウル駅だと教えてくださいました。思いがけず、駅が近いことが判明し、ソウル駅まで歩いて御案内くださったのです。

かつて、高架道路だったところにさまざまな種類の植物が植えられ、幾種類もの花々が、道行く人々を楽しませてくれていました。一九七〇年にソウル駅一帯に建築された高架道路が老朽化したため、二〇一七年に緑いっぱいの遊歩道として、再生したそうです。全長千二十四メートル。二百二十八種類と言われる樹木や植物が配置されていました。

駅前まで散策し、再び、緑の遊歩道を通って戻ると、途中、不思議なスペースがありました。あとからわかったことですが、ここは期間限定の企画展で、七〇一七年（五千年後）の大使館をイメージしたスペースになっていました。

大使の椅子の前には地球儀が置かれ、通路や壁面など全体が虹色の色彩が施されています。

ここに男性が座ると、まるで「宇宙の執務室」のように感じられました。二匹のライオンをお従えになられ、天使たちの様子などを御覧くださっている宇宙の神様のようです。

エジプトのスフィンクス、中国の獅子、沖縄のシーサー、日本の神社の狛犬の他、古代インドにも、仏様の両脇に守護獣としてのライオンの像を置いたものがあります。さらには、古代エジプトやメソポタミア、古代オリエント諸国でも、神域を御守するライオンの像がございます。

この「宇宙の執務室」に喩えたくなる空間が特別展示されていた元高速道路の遊歩道を歩いていると、まるで天の川を散策させていただいているような気持ちになりました。

この「天の川」は、宿泊したホテルのところまで続いていました。男性との旅では、「添乗員」さんのことを呼ぶたび、なぜかいつも「天上員」さんだと思ってしまいます。

チンギス・ハーン広場に移動した私たちのバスが宿に入ろうとする際、一人の男性がまだバスに戻っていないことが判明しました。

旗を持ちながら、血相を変えてガイドさんが困っていらっしゃりました。広場のあちこちを、懸命に探しています。

バスでは、ツアー客が予定時間を過ぎているのに出発しないことに、いら立ちを感じ始めていました。夕食時でもあり、空腹もあったと思います。

その時です。

男性が、ガイドさんのところに近づきました。

男性はガイドさんに、「僕が変わりますから、皆をホテルの食事のところに連れて行ってあげてください。旗は僕が持ちますね」とおっしゃったのです。

驚きました。

添乗員さんやガイドさんに文句を言うツアー客はいても、「僕が旗を持って集合場所にいますから、皆をホテルに連れて行ってあげてください」とおっしゃるかたに、私は初めて遭遇《そうぐう》したのです。

さりげない立ち振る舞いでした。

私は驚嘆しつつ、我が身との違いを感じておりました。

私は、男性の長女と同じ年齢です。

本来なら、ガイドさんの代わりに旗を持つのは若輩者の私の務めです。けれども、私はガイドさんたちが困っているのを目のあたりにしても、自ら代わって旗を持とうとは全く考えもしませんでした。ましてや、皆さんを宿に連れて行って、食事をとらせてあげてください、という配慮など皆無です。発想すらありませんでした。

他方、男性の立ち振る舞いは本当にスマートで、恩着せがましくなく、お見事でした。

そんな男性の思いが通じたのでしょうか。

男性が申し出をされたあと、すぐに行方不明のお一人は見つかり、バスに戻ってきたのでした。

あの時の男性のさりげない行動と立ち振る舞いを、私は決して忘れないと思います。ツアーの「お客さん」だという意識が強く、全体のために行動しようとは全く考えていなかった私。

この行動と出会うことができただけでも、今回のツアー代が、意義ある授業料に思えたのでした。

夕食後、ホテルのロビーで私たちはチェックインを待っていました。その際、飛行機のビジネスクラスに乗るような女性が、スマートフォンを操作しながらホテルに入ってきました。周囲を見もせず、男性にぶつかりそうになったにもかかわらず、一言の「ごめんなさい」も語らずに、女性は進んでいったのです。

とてもショックな状況でした。

機械化が進むと、私たち人間の心は退化をしてしまうのでしょうか。

男性は、「世も末なのかなぁ」と嘆かれていらっしゃいました。

翌朝のニュースを見て、私は驚きました。アメリカで、スマートフォンを操作しながら歩いていた女性が、直径二メートルもの穴に落ちたことが報道されていたのです。

男性は、九州でもネクタイを締めた紳士がスマートフォンを操作しながら、ぶつかりそうになったことを嘆いていらっしゃいました。出勤する人たちが、スマートフォンを操作しながら突っ込んでくるのです。

ある年の七月、男性は奥様とともにお孫さんを連れて、有名なテーマパークに行かれたことがございました。そこでも、スマートフォンを操作しながら歩いている人たちの多さに驚かれたそうです。恋人同士でも、テーブルについてお互いにスマートフォンを操作していました。

「歌を忘れたカナリア」ならぬ「会話を忘れた恋人同士」――人間は、これでいいのでしょうか。機械ばかり見つめて、依存症になって、私たちは、大事な何かを忘れ去っていないでしょうか。

こうしたお話を、千葉県のある駅近くの自然豊かなオープンスペースでうかがっておりました。すると、近くのテーブルでも夫婦と思われる男性と女性が両方とも、自分のスマートフォンを操作しているのです。二人のこどもたちが、懸命に「お父さん、お母さん」と語りかけているのに。

せめてこどもたちと一緒の時くらいは、と思わずにはいられませんでした。これが人間なのでしょうか。私たちはどこまで違った方向に進んでしまっているのでしょうか。

スマートフォンは便利です。

けれども、第三の麻薬とも言えるのかもしれません。たばこやアヘンといった植物系の中毒を引き起こすものが第一の麻薬だとしたら、第二の麻薬は科学的なドラックです。LSDにしても、その他のものにしても、人を破滅に導きます。

そして、第三の麻薬ともいえる、中毒を引き起こすものが「スマートフォン」だとしたら……。道具を使うはずの人間が、道具に使われ、機械に支配されている現実。スマートフォンを見ながら食べものをいただくということは、ある意味では、たばこよりも悪いことなのかもしれません。

男性は中国を訪問した際、雑技団を見ながらスマートフォンをいじっている光景に出会ったそうです。客席の暗い中、他者の目に光が入って迷惑になることを、使用者は考えないのでしょうか。私たちはそこまで見境がない、礼節のない存在になってしまったのでしょうか。

今ではＡＩが生活の随所に活用され、人間の言葉よりＡＩのアドバイスを信頼する人々が出現しています。ＡＩが人間の話し方に近づき、まるでアナウンサーのようにニュースを読む現代。先日、ある学校の職員室で、新米教師が先輩の教員ではなく、ＡＩに人生相談をしていると聞いて、とても驚きました。

（八）神様が与えてくださったエデンの園

二〇一七年六月十九日は、朝四時二十二分に自然に目覚めました。空がグラデーションに色づき、空全体がまるで虹のようにも見えます。お月様や星々が、天空を彩っています。

朝日が昇りはじめたのは、朝五時十分ごろでした。

手を合わせ、おかげさまで無事に今日が迎えられていることに感謝を申し上げました。

朝のNHK国際放送のニュースでは、南伊豆の石廊崎《いろうざき》二十キロ付近で、百十六名が乗ったある国の軍用艦と、別の国のコンテナ船が衝突したことが報じられておりました。コンテナ船ではなく、軍用艦側に死亡者や行方不明者が出ていることが語られました。

この日の朝、バス移動の際に、男性はこんなことをお話しくださりました。

「数日前に、ある国の住宅街の二十四階建てのタワーマンションで、火災が発生したよ。わずか十五分で一気に火が回ったと言われている。今度は軍用艦がプラスチックのように壊れて犠牲者を出している。陰陽になっていることに気づくかな。東（日本）で海、西（英国）で陸。どちらも「見栄え」ばかりを気にして、大事な中身への配慮を怠っていたのではないかな。外見を気にして、燃えやすい素材を使ってしまったタワーマンションと、外側は迫力ある重装備なのに、コンテナ船との衝突で犠牲者を出してしまった軍用艦と。大事なものは中身なのに……」

「先住民の生きかたをもってすれば、今後も何万年も、永久にこの地球で自然と共に住むことができるね。しかし、今の大きな文明国の生きかたをもってすれば、やがてエネルギーはなくなっていく。公害はひどくなり、オゾン層は破壊され、川も海も汚れてしまう。要するに、この文明がよしとしていた科学は、自分たちが死んでいく、破壊の方向に向かうものなんだ。土地も国も自分たちのものではなく、すべてが宇宙を含めた大自然から借りているものだよ」

全部を自分のものにしようとする欲は、断ち切る必要があるのではないでしょうか。人間の欲のために、自分さえよければという欲のために、人種差別は起こり、教育は乱れ、飢餓が起こり、難民は窮状を極め、自然破壊は進み、自然災害で示された天の警告も無視し、ただ目の前の利益と欲のために、人々は感謝を忘れ去っています。利便性のために、文明の進化のために、いろいろの大義名分を立てて経済拡大主義を推し進めた結果、大気汚染は進んで、環境破壊、自然破壊も限度に達してしまった現状です。

それでも、人間は、経済のアクセルを踏み続け、新たな経済戦争は他国の経済支援という美名のもとに他国の人々の生活侵略さえも招こうとしています。どこまで人間は欲を拡げればいいのでしょうか。戦後数十年のわずかな期間に、これだけの自然破壊をする権利が与えられているのでしょうか。生きとし生けるものの未来を奪う権利があるのでしょうか。

なぜ、人間は争わなくてはならないのでしょう。なぜ、人類滅亡の兵器さえ開発しなければならないのでしょうか。どうして、人種差別があるのでしょう。飢餓に苦しむ他国の兄弟を見ながら、一方では飽食三昧《ざんまい》の贅沢が許されるのでしょうか。

その昔、琉球の名護というところに、程順則《ていじゅんそく》という立派な君子が住んでいらしたそうです。名護親方と呼ばれて、人々から大変尊敬されていました。故郷で余生を送られていたときのこと。名護親方は毎朝、散歩に出かけましたが、その時にいつも出会う、村の女性がいました。この女性は身ごもっていましたが、どういうわけか名護親方はいつもこの妊婦に会うと、丁寧にお辞儀をしてくれました。不思議に思い、ある時、この女性はその理由をたずねてみました。すると、君子は、「あなたにおじぎをしているわけではないのです。お腹の中にいるかたに御挨拶を申し上げているのです。お腹の中の子はたいそう立派になるでしょう」――それを聞いた女は家に帰り、夫と自分たちの果報を喜び合いました。ところが、今度名護親方に会った時、なぜか君子は素通りしてしまいました。それ以来、もう決して頭を下げてはくれませんでした。女性が理由を聞くと、「あなたがた夫婦はこどもの将来のことを聞いて有頂天になり、心に慢心が生まれた。それがこどもの徳を消すことになってしまった」。

そんなふうにお応えになられたそうです。

「僕は今まで、できるだけ人の真似をしないようにしてきたよ。みんな自分の経験の中から、自然にできるようになっていったんだよ。滝だって別に修行しようとか、何かを体得しようと思って入ったわけじゃない。気持ちがいいし、汚れがきれいになるような気がしてやっていたのさ。僕には特別な師はいないけれど、一つだけ挙げるとすれば自然だよ。自然の中でたくさんのことを教えられたよ」。

「沖縄にいて美しい自然を見ていると、このまま地球がずっと続いてほしいなあと思うねえ。だけど世の中を見ていると、このままでは済まされないだろうなあ。だって今の世の中、景気や経済発展の話が一番の関心事で、地球を壊す方向に先頭切って走っている人たちが偉いと言って褒められるんでしょう。地球のエネルギーや資源のこと、人口のこと、頭で考えて計算したって分かるはずなのに。このままでは絶対に地球がもたないってことを。わかっているけど、目先のこと、自分さえよければと思っているんだろうなあ。世の中を見ていると、一刻も早く地球を病気にして壊してしまおうとしているみたいだよ。もし僕だったら、何とかして地球を長持ちさせようとするだろうけど。

考えてごらん、仮に皆が雪山に遭難し、山小屋に避難したとしよう。外はいよいよ激しい悪天候になってきた。寒いけれど、何とか明朝までは持ちこたえなければならない。

そこで誰かが言った。『火を燃やそう』。彼は小屋の樹の壁をはがして、焚き火にした。少し暖かくなったようなので、皆は彼を「頭がいいねえ」と言って、次から次に小屋の壁を壊しはじめた。そしてどんどん火をつけて燃やしてしまった。気がついた時には小屋は崩壊していた。風雪を凌《しの》ぐシェルターをなくした人たちは、翌朝まで生きのびることができただろうか」。

「地球のエネルギーのことを、地球の人口の十パーセントの人たちさえも本当に考えているだろうか。頭では知っているし、わかっているのだろう。しかし本当に考えているのなら、もっと動いているはずだと思うよ。地球は、人間だけの地球じゃないのに」

「宇宙の真理は、形に表せるものではないんじゃないかなあ。それでは無が有になってしまうから。形も誰かが宇宙の真理を表そうとしてできたんだろうけど、どのようなものであれ、宇宙の真理は表しきれるものではないと思うなあ。だから真理は、人からは学べないと思うよ。人は形で伝えようとするからね。だけど、形や言葉で伝えられるようなものじゃないから、もし人が形を真似て、その形を百年やったとしても、真理には到達できないだろうなあ。形にとらわれてそこで止まってしまうだろうからね」。

肉体の故郷であるようなモンゴルの地に立つと、かつて男性がお話しくださった数々の言葉が思い出されます。

男性はこれまで、世界各地をめぐった時のいくつかの国々での体験談をお聞かせくださりました。

ある国のツアー中、現地のガイドさんが夜、男性お一人を御案内くださったことがあったそうです。入れなかった場所にも、急遽、臨機応変に対応し、男性を入れてくれたガイドさん。そんな対応力のあるガイドさんから、別のある国への亡命を相談された際、男性は、「やめたほうがいいよ。あなたみたいな優秀な人がこの国からいなくなってしまったら、国にとって、大きなマイナスになってしまうから……。もし亡命するくらいなら、結婚したらどうかな」とアドバイスされたそうです。

ガイドさんはこのアドバイスに従い、母国で結婚することにしました。

しばらくすると、男性のもとに、二人で幸せそうにしている写真が送られてきました。今では祖国で旅行会社の社長をしている、とのことでした。


男性は、旅につぐ旅というペースで国内外をめぐっていました。

人知れず、絵本や花の種子を沖縄じゅうの学校にお配りするような男性です。

様々なかたがたからの要請や相談を受け、いつしか世界をめぐることになっていらしたのでした。

こどもたち全員のクリスマスプレゼントを買うことができなかった年もあります。けれども、御夫妻は、「プレゼントをもらうのと、兄弟や家族がそろっているのとどちらがいい？」とこどもたちにたずね、こどもたちはいつも後者を選択してくれたそうです。


男性の長男が大学生になっていたとき、こんなことがございました。

当時、長男はファーストフード店でアルバイトをしていました。

夜の九時から二時までアルバイトをして、三時ごろに帰ったあとにはまた、朝早く学校へと向かっていた青年。

高校時代は無遅刻・無欠席の皆勤賞。

勉強が得意なだけではなく、スポーツにも秀でた文武両道の人だったのです。親は一度も働け、といったことがないのに、自ら学費を貯め、推薦で大学に入学していました。

その青年が、夏休みにも日中はプールの監視、夜はファーストフード店で働いていました。ある時、お父様が、「大学生なのにどうしてそんなに金儲けばかりしているのだ」と叱ったそうです。

長男は、いっさいの弁解をしませんでした。

けれども、夏休みの終わりに帰省した時には数万円を母に手渡し、「これを弟の仕送りの足しにして」と語られたそうです。さらに、十数万円を取り出して、「これを、お父さんの旅の資金に使ってもらって」と渡したのでした。

長男は、弟と御父様のために休暇中も働き続けていたのです。大学の学費を出そうとなさる御両親に、長男は、「高校を出してもらうだけでもありがたいのに、自分で大学を出ないと恥ずかしい」とおっしゃる人でした。「お父さんは、僕にはもったいない人だ」とも語られていたそうです。

次男が中学生だった時、男性の奥様が職員室に呼ばれ、「お宅はどのような教育をしているのですか」と言われたことがあったそうです。

奥様はどきっとしてしまいました。

職員室に呼ばれるのは、あまり気持ちがいいものではありません。

何か問題でも起こしてしまったのか、と心配になっていました。

実は、次男とPTA会長の間で次のようなやりとりがあったそうです。

「会長さん、高校に進学するには、たくさんのお金がかかるのですか」

「もしかかるなら、中学を卒業して僕はお母さんを楽にしてあげたいです」――そう語る次男にPTA会長は感動し、この話を涙ながらに職員室でされたそうです。先生がたはこの話をお母様に伝えるために、職員室にお招きしたのでした。

男性のお母様が、入院されたことがございました。

誰が夜中に付き添いをするのかを、家族で相談しました。

男性は旅に出ていて、自宅にいられないことも多い状況でした。奥様には仕事があります。長男が立候補したものの、異議を唱えたのは中学生の次女でした。

「一日中、働きづめのお兄さんに無理はしてほしくない」という思いで、自身が立候補をしたそうです。

まだ中学生だから、と男性が止めようとしたとき、次女はこんなふうに語ったそうです。

「おじいちゃんがなくなった時、小学生でまだ何もしてあげられなかった。ずっと後悔してきた。おばあちゃんのときには絶対に付き添ってあげたいの」――真剣に、懸命に語る次女の思いを尊重し、男性は次男が同行をするという条件で付き添いを許したそうです。


かつて、男性のお父様が亡くなられてから、お母様が一人で田舎にいるのはさみしいだろうと心配したことがございました。那覇市内の部屋を引き払って、北部の地域へ移るというのは一大決心が必要です。どうしようかと思案していた時、当時小学六年生の長男が、「もしお父さん・お母さんがおばあちゃんの面倒を見ないなら、僕もお父さんたちの面倒を見ないから」ときっぱり語ったそうです。息子のこの言葉で、男性御一家は、一人暮らしのお母様のもとへ向かわれ、一緒に暮らすことになさったのでした。

やがて、こどもたちは自然の中で逞しく育ちます。泳ぎを知らなかった息子たちも海へと潜《もぐ》り、魚を釣り、タコをとることもありました。海を泳ぐ大きなマンタとも遭遇しました。自然がどんな学校よりも学び舎なのだということを、こどもたちは体感しながら、育っていったのです。

男性はある時、こんなことをおっしゃいました。
「自分は世界中を旅してきた。けれど、どんなに美しいところ、どんなにすばらしいところへ行っても、やっぱり沖縄がいちばん好きだし、自分の家がいちばんいいよ。家庭というものは、神様が与えてくださったエデンの園だよ。なぜ家庭をないがしろにする人が多いんだろう。自分は外国へ行っても、仕事が終わって、お役目を果たしたなと思うと、もうすぐにでも帰りたくなる。うちに帰って、家族の顔を見たくなるよ。夜遅く家に帰って、こどもたちの寝顔を見るとほっとするよ。まったく、自分の家庭、自分のうちが世界で一番すばらしいところだよ」。

四十代の頃、男性はこんな言葉をおっしゃられました。

「いかに純粋に生きられるかをめざして生きてきました。生活にゆとりはなく、その日暮らしですが、こうして生かされてきました」——そうおっしゃられた男性が、当時、とてもお好きだった歌は「野に咲く花のように」だったそうです。

野に咲く花のように 風に吹かれて
野に咲く花のように 人をさわやかにして
そんな風に 僕達も生きてゆけたら すばらしい
時には 暗い人生も
トンネルぬければ夏の海
そんな時こそ

野の花のけなげな心を知るのです

野に咲く花のように 雨にうたれて
野に咲く花のように 人をなごやかにして
そんな風に 僕達も生きてゆけたら すばらしい
時には つらい人生も
雨のちくもりでまた晴れる
そんな時こそ
野の花のけなげな心を知るのです

（「野に咲く花のように」（ダ・カーポ　作詞・杉山政美　より）

旅から旅へと向かわれる中、ある時、男性のお父さまがお亡くなりになられました。
奇蹟的に男性は、臨終に立ち会うことができました。父のために、自らお経を唱え、心を込めた葬儀をなさりました。四十九日の法要が終わるまで、仕事は休み、男性は父のそばにいて供養をされたそうです。当時、御一緒されていたかたに、「一生に一度しかない時だから」と話されたそうです。

男性は大地を慈しみ、時に岩山を撫《な》で、木や草花にも優しく語りかけて歩まれます。蝶や虫と話されるばかりか、暑い時期にアスファルトで乾燥してしまいそうだったミミズを助けていらっしゃる場面にも遭遇しました。草むらにいる男性に、あるときは毛虫が頭を上げて、ご挨拶されたこともあったそうです。男性が家に入ろうと玄関をあけた瞬間、タイミングを合わせたかのように、蛙が一緒に家に入ってきたこともありました。

私は、男性とガラパゴス諸島に御一緒させていただいた時、泳ぐ男性のうしろから、大きなウミガメや魚たちが集まってくるのを見て、びっくりしたことがございました。餌《えさ》を撒《ま》いたわけではなく、ただ単身で泳ぐ男性のところに、いろいろな種類の魚たちが集まってくるのです。グリム童話『ブレーメンの音楽隊』が陸の物語なら、まるで海の生きものたちの『ガラパゴスの音楽隊』を、目の当たりにしたのでした。

男性が部屋にいらっしゃったとき、コーヒーを飲んでいたら、大きな蜂が一緒にコーヒーを飲みに来たことがあったそうです。

男性が飲むのは、いつもブラックコーヒーです。砂糖入りではありません。普段は人を刺すような大きな蜂が、男性と一緒にブラックコーヒーを飲むなんて……。

もしこの事実を絵本で描いても、編集者からファンタジーだね、現実的ではないねと言われてしまいそうです。

けれども、海でも山でも、生きものたちが男性のもとに集い、実際に頭を下げて挨拶する場面に遭遇すると、「事実は小説より奇なり」なのだと心から思います。

ある日、男性のもとにタカラガイが届けられたことがございました。地域によっては何世紀も貨幣とされてきたタカラガイ。ガーナでは貨幣を表す「セディ」という言葉は、今もタカラガイを意味します。アジアでもタカラガイを珍重した国がいくつもあり、日本では『竹取物語』で珍宝「燕の子安貝」と記されていたものが、実はタカラガイなのでした。

一生に一度も見ることのない人たちが多いなか、あるとき、男性のところに生きたままのタカラガイが届けられました。しかも八匹です。

すると、数日後に今度は大きな蜂が八匹、シャワールームに入ってきたそうです。刺す気配は全くなかったため、男性は一匹一匹を順番に外に逃がしてあげました。八つのタカラガイと、八匹の大きな蜂。

男性は、あるいのしし年に、いのししの上にカラスが乗って仲よく遊んでいるところを御覧になられ、写真にも撮ったことがあったそうです。いのししとカラス――何という組み合わせでしょうか。あるときには、いのししとカラスが一対一で向き合って、何かの相談をしている場面にも遭遇されました。

あるヘビ年には、こんなことがございました。

ヘビ年が始まった一月一日に男性が山へ向かったところ、一匹のハブが道に出てきました。まるでヘビ年のご挨拶のようでした。

「あけましておめでとうございます。今年はヘビさんの年ですね。でも、人の前に出てくると捕まってしまいますから、もとの場所に戻ってくださいね」。

やがてこのハブが草むらに消え、しばらく車で行くと、今度は別のハブが目の前に現れたのです。男性は驚きつつ、同じように声をかけ、新年のご挨拶を致しました。

そして、また車を進めると、さらに別のハブが現れたのです。

この間、わずか五十メートルほどでした。

こんなことがあるでしょうか。

沖縄にいても、一生に一度もハブに遭遇しない人たちがいるなか、ヘビ年の一月一日に、三匹ものハブに遭遇するなんて……。

ギリシャの医神ヘルメスは、大地の治癒力を伝える二匹の蛇の杖を持っていたことで知られますが、この男性の足にも、あるとき、二匹のヘビ（青大将）が絡み合って昇ってきたことがあったそうです。

時にはトンボが、時にはウグイスが、時には見たこともなかったようなカブトムシ風の金色の昆虫が、男性のところにやって来ることもあります。蛍が窓辺にやって来てくれることは何度もあるそうです。こうしたさまざまな生きものたちに語りかけるときの、男性の優しくてあたたかな表情を私は絶対に忘れないと思います。

そんな男性の歩みに感動された幾名ものかたがたが、男性に関する本を書きました。やがて、男性は各地で講演を求められることになりましたが、いっさい講演料をとることなく、決して名乗らないまま、ずっと匿名を通して、全国各地、さらには海外でも講演をされました。

「自分の原点は、純真にこどもたちに絵本と花の種子を配ったことにある。無償で『話の種子』も配りたい。こどもたちやお父さん、お母さん、先生たちにも無償で話をしたい。それが自分のできることだと思う」と、男性は思われていらっしゃったのでした。

男性がある中学校で講演をされたことがございました。

男性の講演を聞かれた島の女性が、知人の校長先生に男性のお話をしたところ、校長先生からぜひともこどもたちに男性のお話を聞かせてほしいという依頼がございました。

二十世紀の終わりの、ある三月のことです。

道徳の実践授業の研究校に、この中学校は指定されておりました。土曜日の朝の全体集会で、講演会が企画されたのです。

男性が到着されると、こどもたちは男性を歓迎する島の伝統的な踊りを披露してくれました。勇壮な太鼓が、会場である体育館に響き渡りました。この伝統芸能の披露のあとに、校長先生が次のようなお話をされました。

「本日はおそらく、わが校の歴史にとってこれまでにない意義ある日になるかと思います。ここに、三冊の本があります。皆、「目覚め」という題が付いておりますが、今日お話ししてくださる男性について書かれた本です。しかし本人が書いた本ではなくて、男性と行動を共にした人たちが書いた本です。イエス・キリストの行動を記したものに「聖書」がありますが、これも本人が書いたものではありません。イエス・キリストと行動を共にした人たちが書いたものです。現代社会において、こういう本がもうすでに出ているということ自体、とっても不思議な、すばらしい出来事が、今私たちの目の前で起きようとしていることを物語っているように思います。

さて、ここに新聞記事があります。「校庭を七色に飾って」「小・中学校に花の種を贈る」「差出人のない手紙」ということで、もう十四、五年前でしょうかね、沖縄全県下の小・中学校に八冊ずつ図書を贈ったり、花の種を贈ったりしていたかたがおられました。それが、今日お話ししてくださる男性であります。これらの本には、男性の行いや考えが書かれておりまして、誰からともなく人知れず、人々に渡っているんですね。それで今、男性のお話を聞きたいということで、あちこちで講演会が開かれているのです。

実はおとといが東京で、あさっては北海道に行かれるそうです。

毎日が大変な日程であるわけですが、今日はわざわざ沖縄・○○島の我が中学校のためにおいでくださりました。生徒の前でお話をするのは、実は本校が初めてだそうです。この島の言葉で、今の季節を「うりずん」と言います。自然の万物が成長する季節。植物は新芽を出し、昆虫は脱皮する。今日は皆さん、男性のお話を聞いて、一人一人がそれぞれの古い皮を脱ぎ、脱皮して新しい自分に生まれ変わる日だというふうに思ってください。

校長先生も、昨日から男性のお話を聞いて大変感動しております。ぜひ、今日この一時間、お話を聞いてすばらしい講演会にしてください」。

校長先生の紹介を受けて舞台にあがられた男性は、涙を流されておられました。

講演のタイトルは、「夢に向かって」です。

男性は、かつて御自身が「子どもたちが優しい心に育つように」と願い、沖縄じゅうの学校を花でいっぱいにしようという夢を持って、本と花の種をお配りになられたこと、どのように御自身が夢の実現に向けて歩まれたのかをお話になられたそうです。


「沖縄には三十二以上の島々があり、何百という学校があります。お金が十分にあったわけではありませんから、自分の収入を考えれば頭でどう計算しても不可能でした。しかし、どうしてもやり遂げるんだという強い意志を持ってやり続けたら、毎日奇蹟のようなことが起こって、とうとう夢が実現してしまいました。最初の一年間で沖縄本島のすべての小・中学校に配り終え、次の一年間で沖縄の離島のすべての小・中学校に配り終えたのです。その旅の途中でたくさんの学びがあり、また、様々な苦しいことも乗り越えねばなりませんでした。その後、八十八歳まで生きて、日本全国のすべての学校に配ろうという夢を持ったけれど、やがて依頼を受けて十年間で日本の全県と世界百ヵ国を回り、南極大陸と北極点にも立ちました。このように人が夢と希望を持って、強い意志と共に歩む時、もしそれがいいことであるならば、たくさんの人々の助けと目に見えない存在からの大きな助けを貰って、本当に夢が実現するのです。だから、夢と希望を持って歩んでください」。

男性はこんなふうに語り、どうして命を粗末にしてはいけないか、なぜこどものうちに煙草を吸ってはいけないのか、子を思う親の気持ち、男性ご自身の親孝行のお話などをお聞かせくださったそうです。

話を聞いた生徒会副会長は、こんな言葉を述べました。

「今日はおいそがしい中、私たちの中学校で御講演いただきありがとうございました。先生が講演の中でお話してくださった『私みたいなものが生徒の前で話すのは申し訳ない。でも子どもたちを思う気持ちは負けない』、『いろいろな人に支えられたことと自分の意志の強さによって成功したこと』、『命は尊いものだ』ということを力強くお話された時、何か心に打たれるものがありました。私は親に叱られた時、人の気も知らないで、と思っていましたが、先生が涙を流しながらお話しした、『親から授かった大事な命を粗末にしてはいけない』、『どんな親でもこどもを愛している』という言葉を聞いた瞬間、私を厳しく叱ってくれる親のありがたさをあらためて感じました。それと、沖縄、日本だけでなく、世界にも旅先で花の種と本をあげたその行動とお心に深く感謝します。私たちの中学校も『自立』を目標に学校生活に取り組んでいます。先生のお話で私たちの心の中に咲いた花を大事にしながら、『夢に向かって』一歩一歩、がんばっていきたいと思います。先生もお体に気をつけて今後もご活躍ください。今日は本当にありがとうございました」

さらに、こどもたちは次のような作文も書いてくれました。

「おじさんの話は、心を大切にするという話だった。その話を聞いていると、おじさんは本当に一生懸命、心の大切さについて教えてくれたと思う。僕はそれを聞いて、本当の心の大切さを、心の磨き方を教わった。おじさんの心は、本当にきれいなんだと思った。僕も見習おうと思う」。

「私は心について、そんなに深く考えたことがありませんでした。なのに、先生はすごく真剣に考え、全国の小中学校に花の種子を送り、学校をお花でいっぱいにするなんてすばらしいと思いました。それと、優しい涙を流せば流すほど心が優しくなっていくなんて、いいことだと思いました。私も、優しい涙をたくさん流そうと思いました」。

この中学校は当時、荒れていて、卒業式も数年、満足には行われていませんでした。けれども、男性の講演会があった年は、講演を聞いた三年生全員が希望の進路を得られ、卒業式もしっかりおこなうことができたそうです。

北陸でも、主婦の思いに校長先生が賛同し、こどもたちのための講演会がおこなわれました。わずか一時間ほどで、こどもたちが男性の思いを心で受けとめていったことを、感想文からうかがい知ることができました。

校長先生は、「ぜひこれからももっと多くのこどもや大人たちのために御講演をしてくださることを切にお願いしたい」と男性におっしゃられました。

ビデオテープは他校にもまわり、様々なところから、男性のお話を聞きたいという声があがり続けました。

末の娘さんが、小学二年生の時のことです。

この年の八月二日に、栃木県宇都宮市で講演をされていた際、男性は居合わせたかたがたに、夏休みに一日くらいはこどもを海に連れて行ってやりたい、と話されました。なんと、男性は、末の娘さんが夏休みの間、それまで一日も沖縄に帰ることができずに、自らを必要とされるかたがたのもとで講演をされていたのでした。

この原稿を書いている今、私には小学生のこどもがいます。週の半分は東京での仕事のため、地方都市で暮らすこどもとは毎週数日、離れ離れになります。この数日間がどれだけさみしく、一緒にいたいなあと何度も思うことでしょう。私のような父親でさえ、こんなふうに思うのです。ましてや、こどもたちの心がかわいそうで、何とかしたい、今ここで動かなくては、と沖縄じゅうの小中学校に、さらには日本じゅうの小中学校に、匿名で絵本や花の種を配るような男性が、夏休みに一日も小学二年生の娘さんに会うことができずに歩まれていたなんて……。

この男性の娘さんは、三歳の頃、地面のミミズと遊んでいたそうです。「ほら、汚い虫を触らないで、早く手を洗っておいで」と男性が言うと、「お父さん、何言ってるの？これは土の妖精なんだよ」と話してくれたそうです。

男性は、自分も大人になってずいぶん汚れてしまったものだと思われました。

幼児の頃には、お父さんとお母さんが言い合いをすると、すぐに二人の間に入って手と手を取り、「お父さん、お母さん、私のこの世のなかでの一番のお願いはお父さんとお母さんが仲良くしてくれることなんだよ」と話してくれたそうです。

（九）襲ってきた相手さえ「許してあげてください」と天に祈った日

男性はかつて、ある国を訪問した際、数人組に襲われてしまったことがありました。治安の悪い国だということは聞いていました。けれども、なさるべきことがあり、夕方ホテルを出たのです。やがて、数人の男たちが近づいてきて、危険を察した男性はホテルに戻りました。

そして、翌日の朝食前の時間に、再び行くことにしたのです。どうしても為すべきことがあるから、と。

当時はツアーに参加することが多かったため、自由に動けるのは夜か朝、ということも多い状況でした。男性は、朝食前にお一人で出発し、為すべきことをされようとしていました。その国にも平和が訪れることを願いつつ、ある場所へと向かわれたのです。

ところが突然、複数の大男たちに囲まれました。

首を絞められ、手足をつかまれ、身動きができなくなってしまったのです。だんだん、意識も遠ざかっていきました。もうだめだと思った時、目の前に太陽と月が出ているのが見えました。

「天の父よ」と思わず叫ぼうとしたとき、大男たちが突然、吹っ飛びました。地面に倒れた大男たちは、逃げ出していきます。

男性はふと、祈られました。

「神様、彼らをどうか許してください。彼らは自分たちが何をしているのかがわからないのです。どうぞ彼らをお許しください。彼らを救ってあげてください」という気持ちが湧きあがってこられたのでした。襲ってきた相手が全く憎くないという実体験。御自分でも、自身のそんな気持ちに驚かれたそうです。


ところがそんな男性でも、許せないと思う気持ちになったことがございました。

それが、ある国で噴水を見ていた時のことです。

突然、異国の男が話しかけてきました。優しそうな、人の良さそうな男です。この男は、その前に男性が行ってきたばかりの国の出身だったのです。

行ったばかりの国や地名を語りつつ、話しかけてきたため、男性はすっかり信用してしまいました。

この男は、男性を民族舞踊に誘いました。

ところが、ここがとんでもない場所でした。

コーラ一杯に五百ドルを請求するような場所だったのです。

もしなければ友達に借りてでも……、というのです。

男性はこの頃、百ドルも持たずに旅をする日々でした。頭にきました。

「こんな世の中生きたくない。殺せ殺せ。帰らん」と言いながら、男性はお金を投げつけ、店員に文句を言ったのです。あまりの剣幕に、店の者たちが恐れおののきました。投げつけられたお金を男性のポケットに戻し、頑強な男たちがこの男性をドアの外に締め出したのです。

けれども、男性はドアをどんどんたたきました。

とてもショックでした。

「世の中で一番悪いのは、暴力や泥棒よりも、人の心をズタズタに傷つけることだ」と感じられたそうです。

言葉巧《たく》みに人をだます詐欺師《さぎし》。

現代でもおじいさんやおばあさんさえターゲットにした詐欺《さぎ》が社会問題化しています。

一見、やさしい言葉で人あたりよく近づき、他者の心を奪っていく詐欺行為。モノを盗むどろぼう以上に、人の心を盗む行為が、どれほど人を傷つけ、時に被害者をボロボロにしてしまうのでしょうか。心を盗まれたことで、肉体を傷つけられるよりも苦しい思いをする人もいるのです。

心を奪い、心を殺しに来るような人たちがいることを、旅の途中で男性は体験させられたのでした。

（十）人知れず歩んだ道Ⅰ（日本全国へ）
「代々つながっていくことの尊さ」

六月十九日の午前中、私たちのバスはウランバートル市内を一望できる、ザイサン丘展望台に向かいました。モンゴルの人々にとっても、卒業の時期や結婚の時期など、人生の節目にこの場所にのぼるそうです。

男性のまわりには、まるで天使たちのように鳩が集まっていました。

天を仰ぎながら、大きな鳳凰のような雲を感じる人もいました。丘の向こうに見える山には、オオカミも熊も出るそうです。ここにも、鳥の羽根が落ちていて、私は出発前の氏神様で見つけたものと同じ「羽根のペン」を思うのでした。

その後、訪れたモンゴル名産のカシミア工房近くには、天使の描かれた椅子が用意されていました。見つけてくださったのは、やはり男性です。男性のグループ五名ぶんの五脚の椅子が、ちょうど用意されていたのでした。セキレイやすずめが水を飲みに来てくれます。天女様を思わせる外国の女性も、話しかけに来られました。

男性は、石川県あたりで突然二名のおばあさまから、「あの山は富士山かなぁ」と話しかけられたそうです。同行者は一瞬、驚いたものの、男性は、「あれは白山で、富士山ではないですよ。富士山は太平洋側の静岡か、もしくは山梨に行くと見ることができますよ」とお話されたそうです。

初めて沖縄で御一緒させていただいたある日、私は夕食をともにさせていただきながら、なぜか涙が止まらなくなったことがございました。自分がなぜ、涙を流しているのか、自身でもまったく分からないのです。様々な旅を御一緒させていただいた今なら、あの日の涙の理由もわかります。

男性はかつて、歩道に乗り上げて困っている車を見て、同行されているかたにUターンをお願いしたことがありました。他者が困っている時には、そっと対応なさることがございます。同行したかたも、これは無理だと感じました。男性ですら、これは難しいと思ったそうです。

けれども、困っていらっしゃるかたを目の当たりにされ、男性は車から降り、自ら乗り上げていた車のハンドルを握りました。すると、乗り上げた車を助けることができたのでした。まるで車が浮くかのように。

あっけにとられているドライバーに、ありがとうを言わせるまもないまま、男性はすぐに出発されました。バックミラーから、歩道に乗り上げ困りに困っていたかたが、手を合わせて拝んでいるところを、同行者はご覧になられたそうです。

男性が、海沿いの道を南下していた時のことです。

あっと小さく声をあげた男性は車をUターンさせて、来た道を引き返されたことがありました。しばらくすると車を止めて、目的の方向へ向かわれました。同行されていたかたが何事かと思って追いかけると、路上で鳩が亡くなっていました。

「かわいそうに。こんなところに放っておくとやがて車に轢かれてしまうよ。さあ、鳩さん、土のあるところへ行こうね」
そうおっしゃって、道端にあった大きな葉っぱに鳩をくるみ、鳩を埋められそうな場所を探してくださったのです。いい場所が見つかると自ら穴を掘り、その中に優しく鳩を寝かせ、やわらかな葉っぱを被《かぶ》せてあげたのでした。最後に土をかけ、男性は一羽の鳩のためにあたたかい言葉をかけながら、「また元気に生まれてくるんだよ」とおっしゃられたそうです。

私が以前、この男性のご長男と御一緒する機会があった際、ご長男も道路上で亡くなっていた鹿を、さりげなく道の端に丁寧に運んでいたことを思い出しました。父のうしろ姿は、次の世代にしっかりと受け継がれているのです。

ツアー一行が、モンゴル最大のデパート「ノミンデパート」に案内されたのは、二〇一七年六月十九日の昼食後のことでした。この近くに沖縄の花笠に似ている建物があり、男性はそこに向かわれました。ここは、実は元横綱がやっているサーカスでした。

テントではなく、建造物になっています。
この日はお休みでしたが、モンゴルの首都のまんなかに沖縄を思わせる建物があることに驚きました。

この日の十五時三十分、私たちはモンゴル伝統民族舞踊の鑑賞に案内されました。到着後、クリスマスをイメージさせる二体のサンタクロース風のオブジェが一行を迎えてくれます。雪を思わせる、綿帽子のような種子がとてもたくさん、風に舞っていました。鳩が飛び立ち、すずめが驚くほどの大合唱で迎えてくれます。

民族舞踊ではホーミー（喉笛）が登場したり、馬頭琴が登場したり、体のとてもやわらかな女性の舞踊もございました。楽器は馬頭琴の他、チベットにも同じような楽器がある横笛のリンベ、韓国のカヤグムのように膝に置いて演奏するお箏ヤトガ、東南アジアの胡弓の仲間のホーチル、中国などと共通の打弦楽器ヨーチンといった楽器が、個性を生かし合いながらハーモニーを生み出していました。
モンゴルをはじめとしたアジア全体の特別な音楽隊が、歓迎をしてくださっているような演奏とステージでした。

夕食には、モンゴル風しゃぶしゃぶが用意されました。レストランの中央にはお釈迦様の像もあったのですが、入り口の正面は日本の神社を思わせるつくりになっていました。キノコも野菜もたっぷりのしゃぶしゃぶ。締めの麺も準備されています。

そして、デザートには思いがけないパフェも出て参りました。

こうして、ツアーの行程での最後の夕食は終了したのですが、男性はホテルに戻られると、再び、モンゴルの街を散策されました。旅の最後の夜です。歩きはじめると、すぐに三六九（弥勒）のナンバーの車が通り、続いて男性のお誕生日のナンバーの車も通りました。

お酒を飲まない私たちは、コーヒーで旅の最終日の乾杯をしました。今回の旅をご一緒したかたの中には、かつて男性とさまざまな国や地域を旅したかたもいらっしゃいます。

あらためて、男性の歩んでこられた「道」を、ここで振り返りたく存じます。

沖縄じゅうの小中学校四百十四校に、絵本や七色の花の種を匿名で届けられた男性は、八十八歳まで生きて、日本じゅうを花園にしていくことをお考えになられていらっしゃいました。種子島、屋久島、奄美大島、徳之島、沖永良部島などの薩南諸島はすべて配布を終了し、訪問された小中学校は五百校を超えました。

やがて、九州全体へ、と思って実際に動き出していたある時、思いがけず、夢枕に立たれたかたがいらっしゃいました。そして、ぜひとも【日本じゅうを巡ってほしい】と懇願されたのです。

「あなたのされてこられたことは、一部始終見ておりました。家族のことを心配しながら、食べるものもじゅうぶんに食べることができずにここまで無心でやり通したあなたを、涙なしに見ることはでき得ませんでした。あなたにお願い事がございます。このまま歩いていては、あと何年かかるかわかりません。実は、天界の計画では時間がないのです。どうか、日本列島の祈りの旅をしていただけないでしょうか」と。

男性は驚きました。お金があるわけではありません。宗教のことは全くわかりません。

「琉球に生まれ育ち、祖先や自然を大事にすることを、人の道としてあたりまえに実施してきただけの私がなぜ、日本列島の払い清めの旅をするのですか」――男性は尋《たず》ねました。もっと、適任者がいるように感じられたのです。何かの間違いではありませんか、と。

けれども、夢枕に立たれたかたは、こんなふうにおっしゃいました。

「あなたほど、何にも染まらず、心が純粋な人はいないのです」。

夢枕に立たれたかたは、沖縄じゅうを一校ももらすことなく、丁寧に、丹念に巡る男性の姿を御覧になられていらっしゃったのでした。

何度もお断わりされる男性に、重ね重ね依頼をされるかた。

こどもたちがかわいそうで立ち上がった男性です。

何度も一生懸命に懇願してこられるかたの思いを受け、ついには立ち上がることをご決断されたのでした。

お仕事はなさりつつ、導かれるままに、男性の日本全国行脚の旅が始まりました。一度も宗教に入ったことはなく、祈りの作法もわかりません。それでも、心の底から湧き出る思いを紡《つむ》ぎながら、男性は国内の旅を重ねました。

祈りの言葉は、その土地土地によって、変わります。何十カ所、何百カ所と巡られても、全く同じ祈りは二つとなく、すべてが唯一無二のお祈りとなるのです。その時その時の、真心からのお祈りをお捧げし、出雲国から伊勢国へ、京の都へ、そして北の大地へ、と導かれるままに歩まれた日々。

旅の途中、一夜の宿を求めて山寺を訪問した際、当初は男性のGパン姿に怪訝《けげん》そうだった人が、「沖縄から参りました」というと、突然、「お待ち申し上げておりました」と、丁重に迎え入れられたことがございました。驚く男性に、その人は、昨晩夢を見て、沖縄から一人の青年が訪ねてくるので、丁重にもてなすようにと告げられた、ということを明かしてくれたのです。

誰に語るともなく、人知れずの全国行脚に、当初、どれだけ戸惑われたことでしょう。家族思いの男性です。愛する家族と離れざるを得ない時間が、どれほどつらかったことでしょうか。それでも、やるとお決めになられたら、とことんなさる男性です。新たなお仕事で家計をお支えしつつ、全国各地を着実に巡られたのでした。

そして、無事に全国の行脚が終えた一九八八年、二十年来工事が続いていた「青函トンネル」と、新たに着工された「瀬戸大橋」が開通し、日本列島は大きくつながっていったのです。

この日本列島行脚が終了し、男性は安堵致しました。これで、やっと家族とともに過ごすことができるとほっとした矢先、今度は別のかたが、男性のもとに御姿を現わされたのです。天界の大きなお役目をもたれたかたでした。そのかたが直々に、ある山で、男性に「世界を巡る」ことをお求めになられたのです。

突然、世界を巡ってください、と言われても、すぐに、「はい、そうですか」と頷けるものではございません。大変驚かれた男性は、「人違いではないでしょうか。私は、英語を話すことができません。まして、世界を巡る旅費なんて、どう逆立ちしても出てきません。世の中には、お金持ちも、立派なかたもいます。そのようなかたたちこそ、世界平和の祈願をするのにふさわしいのではないでしょうか。実際、すでに世界平和の祈願をしている人もいます。一家六人の家計を支え、慎ましく生活している自分は、日本全国を巡る旅を終え、やっとやっとこれから家族団らんの時間を得ることができたとほっとし、家族仲良く暮らしていきたいと思っているのです。どうぞ、お許しください」——そんなふうに、ご辞退されたのです。

ところが、幾度《いくたび》、お断りされても、天界にいらっしゃるかたは、男性にこんなふうに語られるのでした。

「あなたのご苦労はわかっています。けれども、時間がないのです。このたびのお役目は、どの宗教や宗派にも染まっていない、純粋なあなたが必要なのです。あなたのされてきたことを、私たちはわかっています。だからこそ、あなたに頼んでいるのです」

天界のかたは、最後は、「やるかやらないか」だけをお決めくだされば、あとは天界がお支えくださるのだ、ということをお伝えくださいました。

そして、男性からお名前をたずねられた天界のかたは、かつて地上に降りたかたがご自身のことをどうお呼びになられたのかをそっとお伝えされました。

驚きました。

こんなかたからのお声がけであったのかと。

太陽系を司《つかさど》る天界のかたは、はじめからご自身のお名前を明かされなかったのです。

男性は、これまでの非礼をお詫びし、さらなる世界行脚の旅に出られることをご決断されました。

（十一）人知れず歩んだ道Ⅱ（世界じゅうを巡る旅へ）

「天の心を地にならしめる」北極、南極、そして……

はじめのうちは、天界にいらっしゃるかたは、「地球の○○と○○をつなげば、（　　）なことがおきます」と教えてくださりました。

英語が話せる訳ではないため、男性はツアーを利用なさることにしました。不思議なことに、思いがけず、必要なツアーが目の前に用意されるのです。男性は天のサポートを実感しながら、「神とともに」世界の旅へと歩まれるのでした。

具体的には、こんなことがございました。最初に北海道を旅された時のお話です。男性は、思いがけず、ある空港への就航第一便のジェット機に乗ることになりました。第一便だったため、沖縄開発庁長官、稚内市長も搭乗していました。そのため、降り立った時には赤いじゅうたんが敷かれ、様々な学校のこどもたちも遠足に来ていました。何万人もの人々が、飛行場に集まっています。大歓迎を受けながら、男性を乗せた飛行機は北の大地に降り立ちました。男性は、その後、世界への旅には沖縄の珊瑚玉や琉球人形をお土産に持っていかれています。旅ごとに、「あっ、この人だ」と思われるかたに渡されてきたそうです。この時の北海道への旅ではまだお金に余裕がなく、お土産を買うこともできなかったので、自宅にあった飾り物のうち、最もお気に入りだった、ガラスケース入りの大きな沖縄の珊瑚を持参されました。

男性が就航第一便の飛行機から降りたところに、ちょうど市長が立っていました。「はい、沖縄からのお土産です」とぱっと渡すと、市長はとても驚きました。男性はそのまま宿へと向かおうとしたのですが、追いかけてくる人がいます。市長の秘書でした。名は伏せての旅でしたが、秘書からどうしても、と宿をたずねられ、○○だと聞いております、とお答えしておきました。

ツアーのバスは観光をし、夕刻に小さな宿に到着しました。

男性は、お一人での参加です。

ところが、この日、宿に訪ねてくる人がいました。

「お客さんです」と宿のかたから言われても、北海道に知り合いはいません。

玄関先に出てみて、男性は驚きました。立派なスーツを着た人たちが三名、黒塗りの車を待たせて、立っていたのです。

三名のうちの一人は、先ほどのあの市長でした。

市長は男性に近づき、「こんなにすばらしいものをありがとうございます。市の永久保存にしたいと思います。沖縄からわざわざお越しくださり、本当にありがとうございました」とおっしゃられました。

そして、市長は、男性に三つのお土産をくださりました。

「これは特別なもので、通常は差しあげるものではございません」とおっしゃりながら。

御自宅に戻って開けてみると、一つ目はこの町のシンボルタワー、二つ目は勾玉とも鏡とも言えるような貝のカフスボタン。そして、三つ目は、何と「二世紀を開ける鍵」という字が彫り込まれた十五センチほどの黄金の鍵だったそうです。


その後、男性は、オーストラリアとニュージーランドに向かわれました。「地球の北と南を結んでください。そうすればアメリカとソ連が和解します」と、男性は告げられていたのです。

冷戦まっただ中の時代です。

そう簡単に冷戦が終結するとは誰もがとても考えにくかった時代です。けれども、男性は導かれた場所で、明け方、お一人でお祈りをお捧げになりました。

沖縄に戻ってしばらくすると、ソ連のゴルバチョフ大統領がレーガン大統領とともに握手を交わし、戦後の冷戦は本当に終結となったのです。

男性はとても驚きました。

まさか、と思うことが目の前で本当に成就したのです。


しばらくして、「今度は地球の西と東を結ぶと、イランとイラクの戦争が終わります」と言われました。こちらもとても考えにくい状況でした。何年も争い続け、お互いにミサイルを撃ち合うような国同士がすぐに和解できるとは、当時のほとんどの人が思わなかったのではないでしょうか。

西ということで、世界地図を御覧になられつつ、ギリシャ、エジプト、トルコへの旅を男性は選択されました。けれども、ニュージーランドとオーストラリアから帰国したばかりです。ここ数年は余裕があれば、こどもたちのために絵本や花の種を購入し続けてきました。その上、思いがけず、日本全国行脚もなさった後でした。金銭的に余裕はなく、かつて事業をしていた頃にお金を貸したかたを訪ね、せめて、旅の費用分だけでも返してもらえないか、とお願いされました。けれども、何度訪ねてもなかなか返してもらうことができず、ツアーの期日まであと一週間と迫りました。男性はあきらめ、「最善を尽くしましたが、お金が用意できませんでした。お金ができるまでお待ちください」と報告されました。

この時、出てこられた天界のかたは、次のように男性に語られたそうです。

「今回の旅行に行けなくしたのは、あなた自身のお心が原因です。あなたは、お金ができるという人を疑ってしまいました。その疑いが、すべてをダメにしてしまったのです。その人は、お金をつくろうと努力していたけれども、あなたの愛である【信じる心】が切れたために、お金の工面ができなくなってしまったのです。愛とは神そのものなのです。エネルギーです。そのエネルギーを断ち切ったのでは、伝わらないのです」――男性は、出発日の期日をあせるあまり、相手を疑ってしまった自身を反省なさり、何としてでも参ります、とあらためて心に誓うのでした。

そして、別の友人に、「何のために使うのかは聞かずにお金を貸してほしい」と相談されました。相手は喜んでくれました。

「やっとあなたのお役に立つことができて嬉しいです」と喜びながら、むしろ、貸した人の方が御礼を言って差し出してくれたのです。

こうして、男性はギリシャ、エジプト、トルコの旅に向かうことができました。昼間はツアーの行程もあったため、人々が寝静まった夜中の三時に、エジプトのピラミッドのところで、お祈りをお捧げになりました。野犬が、「ウオー、ウオー」と吠え立てます。現地で聞いた話によれば、野犬に襲われたことですでに何名もの人が命を落としていたそうです。

昼間はたくさんの観光客がいるものの、夜中に歩くような人はいません。それでも、男性は夜中にたった一人、ピラミッドに登って、渾身のお祈りを捧げられたのでした。

やっとの思いで旅を終え、帰国された男性のもとに、今度は一通の封筒が届いていました。裁判所からのものでした。男性はガッカリしました。裁判所からの通知は、一般的には心地いいものではありません。誠心誠意祈った結果がこれなのか、と男性はとても悲しくなりました。なかなか封筒を開くことができず、苦悩は一週間ほど続きました。

けれども、意を決して、自らの過去と向き合おうと男性は覚悟を決めました。

すると、そこには、以前差し押さえにあった物件が競売にかけられたので、ぜひお金を取りに来るようにという連絡でした。思いがけず、男性は三百六十万円ものお金を手にすることができたのです。

男性は、このお金から、借りていた旅費を返され、奥様に相談されました。「このお金はすべて神様のために使いたい」と奥様に話したのです。それまでの絵本や花の種の配布、さらには思いがけない国内の全国行脚で、家計も大変だったのではないでしょうか。お子様たちにもお金のかかる時期です。ましてや、あり得ないほどの海外への旅。思いがけずお金が入ったのなら、少しは自分たちのために、と思っても全く無理はございません。にもかかわらず、奥様は文句をおっしゃらず、ご主人の思いを尊重してくださったのでした。

こうして、男性は次の旅の目的地であるペルーのマチュピチュへと向かう費用を得られました。

折しも、南米移民八十周年のツアーが出ることになり、飛行機には皇室のかたも搭乗されていらっしゃいました。そのため、またしても、赤いじゅうたんが敷かれた中で、南米の地に男性は足を踏み入れたのです。

祈りを捧げる予定の空中都市の山頂に行くには、一泊するのが一般的です。けれども、ツアーのため、一人だけ勝手な行動をとるわけにはいきません。いつでも、他人に迷惑をかけずに歩もうとなさる男性です。

男性は、意を決して、わずか二時間の自由時間の中で、普通の人が半日かけて登る山の頂《いただき》に向かい、祈りの後に下山することを計画されたのでした。普通に歩いても、高山病の危険のある地域です。標高が高く、空気の薄いところを一気に駆けのぼっていく男性。心臓が破裂しそうだったのではないでしょうか。どんなに強靭な体力をお持ちで、祈りのために、富士山を一日二回ものぼったことのある男性でも、やはり身体には大変な負担がかかります。

それでも、男性は山の頂上で渾身の祈りをお捧げになることをあきらめませんでした。驚異的にも、一時間で頂上まで駆けのぼり、三十分、渾身のお祈りをお捧げし、その後は、まるで跳ねるように下山され、再びツアーのメンバーに合流されたのでした。

やがて、ご自宅にお戻りになられてから一週間目に、本当にイランとイラクの戦争が終結したのです。信じられない思いでしたが、実際にその通りとなったのです。

求められるままに、地球の東西南北を結び、さらにはその中心にある太平洋のとある場所にも向かわれました。満ち潮の際には、海面の下となる場所だったため、もしもの時には、泳いで帰ることを覚悟しながらの旅でした。

けれども、現地に向かうと、地元の村人たちは一週間もかけて、その場所の掃除をしてくれていたそうです。男性が二時間にも及ぶお祈りをなさると、現地の人たちはいつしか平伏していました。

汗だくの男性に、現地の青年が椰子の木に登り、実を採って、男性に差し出してくれました。すでに潮が満ちて戻れなくなっていたため、現地の人たちが舟に同乗させてくれて、無事に帰還することができたそうです。

こうした東西南北の祈りを、天界から導いてくださるかたに報告するために、男性は地球で最も高い場所であるヒマラヤへと御足をお運びになられました。ネパールのポカラから、とても尊い聖なる山が、男性が宿泊された二日間、はっきりとお姿を仰ぐことができました。

こうした旅をなさり、今度こそ愛する家族とゆっくりした時間を過ごせると思って、帰路についた男性でした。

ところが、天界のかたに心からの感謝と労いの言葉をかけられるとともに、もう一息がんばってほしい、と、嘆願されました。

男性は、もはや、どんなことがおきるとはお聞きにならなくても、ご自身に為すべきことがあるなら、精いっぱいがんばろうと決意されていらっしゃいました。

やがて、北米のロッキー山脈、アフリカのキリマンジャロ、ヨーロッパのアルプスへと旅は続き、一連の旅を終えると、東西を隔ててきたベルリンの壁が、地元の人たちの手によって取り壊されたのでした。思いがけない出来事を異国の地で知った男性は、感動されました。あの頃、突如として、ベルリンの壁が破壊される日が来るとは、世界の誰が予想したでしょうか。

その後も、男性のもとには、世界じゅうから思いがけず、さまざまなＳＯＳが寄せられるようになりました。

海の神様が、「すごい勢いでマグマの地下活動が進んでいます。海水温度があがっています。このままでは海に火柱が立つので止めてください。この様子では、今年中に世界で火山が爆発しそうです」と訴えてこられたこともあります。

「地面がぐらぐらと揺れています。火山が危ないのです。ビーナスが泣いています。助けてください、と祈られています」というメッセージも寄せられました。

海外のみではありません。日本を代表する山が噴火しそうだというメッセージを受けると、男性は人知れず、その山の頂上まで登り、ある時にはその山に腹這いになって、どうしても噴火が必要なときには、私も一緒に吹き飛ばしてください、と身を挺《てい》して祈られたのです。

こうした各地の祈りが何十カ所、何百カ所どころか、地球全体で何千カ所にも及んでいくことになるとは、当時は男性ご自身ですら、思ってもみなかったのです。

地球各地からいくつものＳＯＳやメッセージが男性のもとに寄せられるたび、男性は人知れず、天界のかたがたの支えを得て、各地を巡っておられました。

旅に継ぐ旅、という信じがたいほどの驚異的なペースは、こうした事情によって、もたらされたものだったのです。

左足を引きずりながら歩まれた男性は、ある時から、この左足の痛みこそが地球の痛みでもあるのだと教えられていました。

そんな男性が、最初に北極点に立たれたのは、一九九四年のことでした。

この年、シューメーカー・レヴィ第九彗星の分裂核二十数個が地球に向かって近づいていました。

地球に二十数個もの隕石衝突の危機が迫っていた時、男性は人知れず、地球の頂点である「北極点」へと向かわれたのです。

マイナス四十度にもなるという極寒の北極圏では、皆が常に防寒具で重装備をしていました。

いよいよ明日、北極点に着地するという日、レイク・ヘインズ基地では、ゆったりとした日程が組まれました。

夕日が、地平線の彼方に神々しく輝いています。

目を凝らすと、湖の対岸を見ることができました。

あの対岸で「天の父」にお祈りができたら、とお考えになられた男性は、夕日を追っておー人で歩き始めました。

けれども、進めど進めど、対岸には着くことができません。

何度も引き返そうかと思われたそうです。

けれども、思い立ったのだから最後までやり遂げよう、と男性は一歩一歩、歩み続けました。

そして、ついに、対岸に到着し、感謝の祈りを捧げて、もと来た道を歩み始めました。

ご自身がつけた足跡が、一本の道となってずっと続いていました。

これから、新しい日々にどのような道を切り拓けばいいのか、男性は自問しながら戻られました。


ところが、ついに夕日は沈んでしまいました。

北極圏は白夜のため、真っ暗になることはありません。

けれども、日が沈み、気温が急降下したことを体感しました。

マイナス四十度以下の世界です。

手が切れそうで、顔が痛く、次第に耳を触ることも、鼻を触ることにも恐怖を覚えたほどでした。実際に触ってみたら、もはや鼻や耳がついていないのではないか、と思われるほどだったのです。

家族の顔が浮かびました。

かつてある島で遭難しそうになった時にも、こどもたちの名を呼びながら、男性は乗り越えました。

今回ばかりは、あまりの寒さに、「もう駄目か」と感じました。

それでも戻らないと、本当に凍死をしてしまいます。

ここで終わりかと、肉体から魂が抜け出そうになった瞬間、背中にあたたかい日のぬくもりを感じました。

男性を助けるために、救いの光がもたらされたのです。

もう一度、太陽が昇ってくれたのでした。

背後から太陽の光を受けながらキャンプへと無事に戻った時、日付も変わって、一九九四年四月十八日となっていました。

この日が、男性がはじめて北極点に立たれた日だったのです。

四十五歳のことでした。

結局、男性は往復十キロにも及ぶ湖上の道を、約五時間かけて歩き抜かれたのでした。


いよいよ北極点に着かれた際、祈りのポイントにはすでに、世界の国旗が立てられていました。

これは、数日前に用意された、ということでした。

まさに、天界からのお計らいでございましょう。


はじめて立たれた北極点に、沖縄から持参した琉球人形が飾られます。真っ白な丸いかたちの琉球の珊瑚も、琉球のお菓子も供えられました。

天界からも多くのかたがたが見守られる中、男性は帽子を取り、手袋をはずし、さらには防寒具もお脱ぎになられて、お祈りをお捧げになられたのです。

ご挨拶、そして、これまでの経過報告、北極点までお導きいただいたことへの感謝を申し述べるところから始まりました。

大変な寒さの中、分厚い氷の上に素手で手をつき、額《ぬか》づかれながら、男性は平伏されて、人類が犯した罪の一つ一つをお詫びされました。

命がけで、渾身のお祈りをお捧げくださった男性。

大変な、とても大きなお役目を地球の頂上である北極点で果たされたのです。


これまで、宇宙の計画の中で、幾度となく地軸の移動による地球の浄化がなされてきました。この世紀末には、最後のポールシフトの計画もありました。

そんな中、「選びに選び、導きに導き、ためしにためし、待ちに待ち、ついに地軸に立つ。この喜びの日をどれほどに待っていたことか」と、天界のかたはメッセージをくださったそうです。

男性の、この一九九四年四月十八日の北極点での渾身の祈りののち、地球に向かっていた二十数個の隕石を受け止めてくれた太陽系の兄弟星がございました。

それが、木星です。

太陽系で太陽の次に大質量の木星は、その強い重力で、近くを通過する小天体の軌道を変えることがあります。

日本時間の一九九四年七月十七日早朝から二十二日にかけて、シューメーカー・レビー第九彗星の二十数個の核が、時速二十一万キロメートルものスピードで、木星に連続衝突しました。有史以来とも言われた天体現象に、何も知らない地球の人々は沸《わ》き立っていました。

最も大きな衝突痕は、同年七月十八日七時三十二分に衝突したもので、直径は約一万二千キロメートル。つまり、ほぼ【地球と同じ大きさ】だったのです。

この時の瞬発力は、当時の地球上の全核兵器を一度に爆発させた放出エネルギーの六百倍だったと試算されています。たった一つでこんなにも破壊力のある隕石を、二十数個も受け止めてくれた木星の思い、そして痛みを、どれほどの人たちが理解することができたでしょう。

あの時の、木星への彗星の連続衝突は、単なるショーなどではなかったのです。地球に向かってやって来たものを、実は木星が地球を護るために受け止めてくれていたのでした。


一九九四年、男性は、「木星がかわいそうだ」と心から思われたそうです。

あれだけの衝撃を受けて、木星はどれほどの痛みに耐えてくれていたのだろうと。兄弟星を護るために、自ら身代わりとなってくれた木星のことを思うたび、今でも涙があふれます。

イギリスの作曲家、ホルストの管弦楽組曲「惑星」第四楽章「木星」の旋律に、日本語をつけた平原綾香さんのデビュー曲「ジュピター」が日本で大ヒットをしたのは、それから十年近く経った二〇〇四年のことでした。


男性のこれまでの日々を振り返るとき、忘れることのできない出来事がまだいくつもございます。

特に忘れがたいものは、一九九九年七月七日の大変大きなお祈りでした。男性が当時、これまで何度か命の危機にあっても生かされたのは、この時のためだった、とご自身で思われたほどの出来事でした。

その前月末に、男性は別のある山の頂《いただき》まで登り、この日を迎えられるための準備をされていました。天界のかたがたとも、この日に向けた話し合いの場を持たれたのです。

当時、あまりにまで人々の心が荒《すさ》み、穢《けが》れ、汚れてしまった地球だったために、宇宙を司《つかさど》るお役目のかたがたの中では、このまま地球を残していいのか疑問である、というご意見が多数を占めるまでになっていました。

もはや浄化ではすまされず、地球自体の崩壊の危機だったのです。

誕生から四十六億年にも及ぶ地球。

宇宙の親神様がこの地球をおつくりになられてから、火の球だったものが、やがて、地の球となり、水の球となり、そこから木々や草花が生い茂り、さまざまないのちが生まれていきました。

すばらしき、緑と水の美しい宇宙のエデンの園である「地球」。水中に生きるもの、地を這うもの、空を飛ぶもの、さまざまないのちが生まれ、この奇蹟の星に暮らすことを許されました。

太陽系の向こうに銀河系が広がり、またその向こうにも、と広がる大宇宙の中でも、このすばらしい星は、大変な奇蹟と労力の産物だったのです。

この星の中で、幾度となくすばらしい文明ができては滅び、が繰り返されました。大陸さえ沈んでは浮き、浮いては沈みを繰り返し、天が本当に良しとする方向に向かうための試行錯誤が、これまで何度もおこなわれて参りました。

けれども、二十世紀が終わり、二十一世紀に進むという時期に、人類はとんでもない方向に歩み出してしまい、地球も大変な転換期を迎えました。

星々の運行に影響を与えるものが地球から次々に打ちあげられ、たとえ地球を司るお役目のかたがたが許せても、宇宙をお護りするかたがたからは到底許せるものではないというところまで、人間の間違いは進んでしまったのです。

宇宙をお護りする役割のかたがたのお心に適《かな》い、お許しいただける状況とするために、男性は命がけの旅と尽力を世界じゅうで重ねてこられたのでした。

一九九九年七月七日の大きな大きなお祈りは、その中でも、とてもたいせつな、分岐点となるものでした。

この日、太陽系を導かれるお役目のかたは、「どんなに便利な世の中が来ようとも、人々は自然とともに生きなければ、それは一歩一歩破滅への道であること、地球の破滅であることを知ってください」と語っていらっしゃいます。

木星をはじめ、地球を守る宇宙の星々から与えられている力が、衛星を打ちあげるたびに失われてしまうということを、どれほどの人が御存知でしょうか。

私たちが暮らすべき場所は、決してどこかの星ではなく、この【みんなのふるさとである地球】なのです。

宇宙の中の地球、地球の中の人類であることをあらためて教えてくださるために、大変尊きかたはご尽力を重ねてくださっておられるのでした。

あちらからもこちらからも、ひっきりなしに、という状況の中、南米のある国に行かれることになった時には、なかなかお金のめどが立たず、最後の最後にようやく空港で旅行代金をツアー実施社にお渡しすることができたそうです。あまりにまでの大変なペースと旅の数。旅費だけでも、これまでどれほどの額がかかっているのか、それを実際になさったかたが本当にいらっしゃったのだという現実に驚嘆致します。

男性はある時、信頼していた神様の言葉を取り継がれるかたから、「予定の便に乗ったら飛行機が落ちるからやめるように」と言われたことがございました。大変な葛藤をされつつ、男性はそれでも大事なお仕事を遂行するために、意を決して現地に向かってくださいました。もしものことをお考えになられ、こどもたちの養育費を思い、この時、人生で初めて保険に入られたそうです。
やがて、無事に帰国することができ、これもお試しであったことを実感されました。信頼する人に何を言われても、成し遂げることができるか否《いな》か、と。

ある国の空港で荷物検査をした係員、さらにそれを見たツアー参加者たちは驚きました。男性のスーツケースの中には、お土産用の琉球人形のみがおさめられていたからです。お洒落をするための衣服などお持ちにならず、遊びの品など全く持参されず、男性は旅を重ねていらっしゃったのでした。

二〇〇〇年七月には、世界の首脳が沖縄に集われるサミットが開催されることになりました。人知れず世界を巡り続けてこられた男性のご尽力によってもたらされた、沖縄でのサミットだったのではないでしょうか。
この沖縄サミットの重要性を思い、男性はサミットの開催時期に先駆け、二〇〇〇年三月に、参加国すべてを訪問する世界一周の旅に出てくださいました。政府が費用を出し、国が用意したジョット機で各国を訪問するわけではないのです。旅の費用も、すべてご自身で工面されながらの道のりです。

この頃は、すでに世界の全大陸と何十カ国もの国々を巡り続けておられました。

当時、あちこちの浜にクジラやシャチ、イルカが打ちあげられていました。これは、地球の叫びであり、どうか気づいてほしい、人々に目覚めてほしいと願う警告だったのではないでしょうか。体長五メートル弱の古珍魚「竜宮の遣《つか》い」が、「神集島《かしわじま》」に打ちあげられたこともありました。これでも、私たちは天のメッセージを読み取ることができなくなってしまったのでしょうか。

一方、宇宙を護るお役目のかたがたからは、「なぜ地球だけ、宇宙の計画が延期になっているのか」という声があがり続け、男性は、もし今度宇宙計画をストップさせたら、宇宙に戻す、とまで伝えられたこともありました。

そんな中、二〇〇〇年七月、世界の首脳が沖縄に集まるサミットが開催され、それに先がけておこなわれた世界一周の旅から帰国された男性のもとに、今度はこんなメッセージが寄せられたのです。

「宇宙の神様は、地球体を崩さないようにするために柱を建てられることを望んでおられます。地球の表面が崩れることになっても、芯さえ残っていれば再生ができるのだそうです。そして、宇宙全体のバランスの崩れを、最小限に食い止めることができるそうです。時間が足りない。地球体そのものが危ない。地軸が急速に緩んできている。あなたの建てられる柱が、そのポールシフトを食い止めることができるか、その前に地球体がもつかどうか。今は地球体のことを考えてください。全宇宙規模でお考えください」

と伝えられたのです。

世界一周の旅から戻られたばかりの三月、こうしたメッセージを受け、男性は、五月にバミューダ、ノルウェー、六月にはガラパゴス、モーリシャス、アラスカに向かわれることをご決断されました。直行便で行きやすいような、単なる観光地を五カ所巡るわけではないのです。人間の視点から見たら、辺境地と呼ばれる場所に男性は向かわれたのです。飛行機の乗り換えを調べ、船の状況を確認し、必要であれば、小型ボートのチャーターさえも必要になる旅でした。

こうした大変な旅を、世界一周をされたばかりの男性が、沖縄サミット実施の二〇〇〇年七月開催までに終えなくてはならなかったなんて……。

神様の言葉を取り次がれるかたは、「周囲の皆さんには見た目でわからないかもしれませんが、実際に男性はミイラのようなボロボロのお体です。自分だったら、寝たきりで動くこともできないでしょう。もうやめてくださいと叫びたいのです」と語られました。

鞄に杖を常備され、痛む足を引きずりながら荷物カートに寄りかかるようにして、緊急の旅を幾度となく重ね続けてくださった歩み。

私が初めて男性との海外行きをご一緒させていただいたのは、この時のガラパゴスの旅でございました。二〇〇〇年三月一日に初めて御縁をいただいた頃は、男性がまさかこんな状況で日本じゅうを、世界じゅうを旅されていらっしゃるとは考えてもおりませんでした。想像さえもできませんでした。

男性がどれほどまでの思いで、当時十数年、走りに走り、身を粉にして、御家族とのお時間も、その他のものも、とことんまで犠牲にされて歩まれていらっしゃったのか。一方で、結婚とも子育てとも無縁なまま、身勝手に生きてきた私。地位を求め、名誉を求め、競争社会の勝ち組になることにばかり固執していた自分。世間的にはいい子だと見られがちな私が、いかにまだまだな人間だったのかは自分でもとてもよくわかります。

こんなわがままで傲慢で未熟な人間にも、男性がどれほど手取り足取りしながら、育てようとしてくださったのかが、二人のこどもたちの親となった今、やっとほんのわずかにわかりかけております。もし、男性との出会いがなければ、私は生涯、父親になることはありませんでした。

大変な状況下、二ヶ月前に三十歳になったばかりの若輩者にさえお心を配ってくださりながら、男性はガラパゴスを旅してくださったのです。

宿泊したガラパゴスのホテルのロビーには、とても大きな風船の地球儀が置かれていました。けれども、その姿を見てドキッと致しました。

地球儀が、逆さまになっていたのです。

それを、男性は元の状態にお戻しくださりました。

けれども、再び、こどもたちが地球儀に乗ってしまうのです。

実は、その前のノルウェーの帰路の空港にも、ロビーに地球儀のオブジェが置かれていたのですが、その地球儀のネジはなくなって、緩みきってしまっていたそうです。

二〇〇〇年五月と六月にバミューダ、ノルウェー、ガラパゴス、モーリシャス、アラスカを訪問された男性は、最後の地で、次のようなメッセージをお受けになられました。

「まだ見ぬ地球に住むという、宇宙をつくりし親神は、いとし我が子を遣わされ、地球に八柱建てさせん、地球に八柱建ててこそ、再び地球は蘇る。愛し宇宙を救わんと、愛し地球を救わんと」……。

一九九九年七月七日、そして、今回の五つの地への旅で、合計世界の六カ所で、とても大きなお仕事をしてくださった男性は、「八」という数字を思いつつ、世界地図をあらためて御覧になられていらっしゃいました。

そして、新たに送られてきたパンフレット等を参照されつつ、実際に向かってくださったのは、北大西洋に浮かぶある島でした。

二〇〇一年四月十八日から二十七日まで、アフリカに近い場所をご訪問くださったのです。

男性が現地を訪問している間、神様の言葉を取り次がれるかたは、大変な映像を御覧になられました。

「地球はもう助からぬのか、地球はもう助からぬのか」という言葉が、宇宙から地球に向かって繰り返されています。

そして、太古の木々に囲まれた泉のような場の中央に、男性は入っていらしたそうです。自らのエネルギーを、その土地や木々や水などに分け与えていらっしゃる男性。すっかりエネルギーを注ぎ終えると、男性の髪は抜け落ち、ぬけがらのようになっていたそうです。

男性は、太古より残る自然に思いを託されました。

太古から根を張る木々などに、地球を守ってほしいと願われたのです。万が一にも、人間が滅びることがあっても、地球だけはその姿を崩さないように、と自らのエネルギー全てを注ぎ尽くそうとされた男性。

命を捧げ、エネルギーを分け与え、自身の命と引き換えに地球を守ろうとなされたのでした。

そんな男性が再び北極点に向かってくださったのは、二〇〇一年七月でした。

「人生で二度も北極点に向かうなんて思ってもみなかったさ」と語られた男性。

二〇〇一年七月七日から二十一日までの十五日間でございました。

「二十一世紀初の北極点クルーズ」というツアーが出ることになったのです。

羽田空港でご一緒する機会があった際、男性はふと、「これが最後の晩餐かなあ」とつぶやかれました。

一九九四年四月十八日の北極点でのお祈りは、分厚い氷に額づきながらのお祈りでございました。だんだんと皮膚が麻痺し、本当に手があるのか、鼻があるのかさえもわからなくなったあの日のことは、お身体もいまだ覚えていらっしゃったことでしょう。

それでも、人知れず、再び、北極圏まで出発された男性。

真っ白な北極の地に立つたったひとりの人間の姿は、とてつもなく小さなものだったのではないでしょうか。けれども、その肉体に、どれほど大きなお心と魂を宿し、男性はこの地上に御姿をあらわしてくださったのでしょう。

「北極の地に光の玉となってこの地上を照らしたもう。北極の白く荒涼たる地球の中心、地球の屋根に親神様の光をつながれ、天と地を結ばれた御方」

北極点でのお祈りを終えた後、ある天界のかたは、こんなふうに男性のことを讃えられました。

地球じゅうのさまざまな場所で、どれだけ賞賛され、ご自身すら驚かれるようなことを告げられても、男性は一度たりとも、「我こそは……」とおっしゃるようなことはございませんでした。

「僕は全く特別な人間ではなくて、その気になれば誰でもできることをしているだけだよ。英語を話せるわけでもない。お金持ちなわけでもない。身長も体重も、標準。楽器ができるわけでもないし、足が速いわけではない。人より優れた技は、僕は何一つ持っていない。僕は、今でも自分がまだまだだと思っているよ。誰でもできることをしているだけだよ。僕は決して、特別な人間なんかではないよ」

男性は、今でもこんなふうにおっしゃられています。

北極点への旅から帰国されてすぐ、神様の言葉を取り次がれるかたから、「間違いだと思うのですけれど、すぐ南極が待っています」と、男性は伝えられました。

かつて一九九一年にも訪れた南極。

まさか南極に二度も訪問されることになるとは、どなたが予測し得たでしょうか。

けれども、男性は神様の言葉を取り次がれるかたからの連絡にも驚かれませんでした。

実は、北極点のお祈りのその日の夢で、すでに南極のネジが緩んでいる映像を見せられていたそうです。

男性はかつて、北米先住民の中でもとりわけ平和的な部族、「ホピ族」の人たちとの御縁がございました。

ホピ、とは「平和」を意味する言葉です。

戦闘を好まず、偉大な「マーサウ」から教えられたシンプルな、本来人間のあるべき生きかたを今でも忠実に守っている人々。ホピの長老は、毎朝ある場所で日の出とともにグレイトスピリット「マーサウ」に祈りを捧げます。地球と人類の守り手として、グレイトスピリット「マーサウ」に託された勤めを、一日も欠かさずおこなっているホピ族の人。創造主への敬意と感謝を決して忘れることのない、今日も自然とともに歩む人々です。

一九九七年七月、沖縄から十七名で、男性はホピランドに向かわれたことがございました。この時、通訳をされていらしたのが、後に『宇宙心』『THE COSMIC HEART』という二冊の本を世に著《あら》わしてくださったかたでした。それぞれ、日本語と英語でお書きくださっています。

この時、十七名の沖縄からの人々は、ホピの長老たちとともにお祈りを捧げました。この最後に立たれたのが、男性でした。先住民の神様やこの土地の神様に語りかけるように、男性の祈りの言葉は紡《つむ》がれていたそうです。先住民たちが迫害されてしまった長い歴史に、思いを馳せながらのお祈り。

男性は、ここで、何とこの地で採取されたウランにまで謝罪をされたそうです。

「汚名を着せてしまって申し訳ありません。悪いのはウランでなく、それを悪の方向に使った人間の心なのです」と。

男性は、「この地に入る前に、広島に前祈りに向かわれ、ここでもウランに謝罪されました。

核燃料として知られ、核兵器にも用いられるウラン。

けれども、ウランには罪はございません。

本来は、地球を維持するために必要な物質だったのです。


この時、通訳されたかたは、ウランに謝罪する人と初めて出会われたそうです。祈りの場に参加し、通訳のかたは、男性の祈りを目の当たりにして、涙がとめどなくあふれてきたそうです。


祈りの後、男性はここで一粒のダイヤモンドを見つけました。

これには、現地の人たちが大変驚きました。

実は、「約束の人」がこの地を訪れ、予言の岩の前に立つとき、ある秘密が明かされ、その人はダイヤモンドを拾うだろうと予言されていたのです。

男性はそうだとは全く知らぬまま、一度目の訪問でダイヤモンドを拾い、さらに二度目の訪問では、水晶まで拾われたのでした。

かつて北米の先住民族の長老は、このダイヤモンドが本物かどうかを確認するために、わざわざ沖縄まで、飛行機に乗ってやって来たそうです。

それだけ、代々本当にたいせつにされた言い伝えだったのでした。

グレイトスピリット「マーサウ」を信頼し、自然に感謝する、伝統的な生き方を、世界一の経済大国アメリカ合衆国で貫いてきたホピ族の人々。第二次世界大戦で、ホピの予言にある「金の灰の詰まったヒョウタン」（原子爆弾）が使われたらしいことを感じ取ったホピの人々は、あるとき、村で緊急会議を開き、先祖から受け継いできた、このホピのピースプラン（予言）を世界に出すときだと話しました。そして、門前払いをされようとも、気違い扱いされようとも、何十年牢獄で過ごすことになっても、グレイトスピリット「マーサウ」の教えを忠実に守り、伝える努力をしてきたそうです。

それでも、人間はいっこうに変わらないどころか、ますます強欲になっています。「平和を愛する」ホピ族の人たちが、今ではもはや、「偉大なる浄化の日」が早く来ることを願っているのだそうです。人類に、もうこれ以上のカルマをつくらせないために、あえて浄化を受けようと覚悟している「平和の民」の人々。

男性が二度目の南極大陸に出発されたのは、二〇〇二年一月十七日でした。いよいよ、これから本格的な地球の浄化が始まる前に、どうしても地球をしっかり支えておく必要があったのだそうです。眼では見ることのできない、けれども、確かに宇宙から届く光の柱。

二ヶ月ほど前、二〇〇一年十一月には、男性のもとに、次のようなメッセージが寄せられていました。

「南極への旅が最後です。今回はもう生命体（肉体）は日本に帰ってこられるかわからない。八割無理でしょう。三年待ったが同じこと。地球は残すが。地球の神々もわかるまい。本当の意味を。この地球の大切さを。〇〇（男性）を見てみよ。肉体をもっているのだぞ。最後、本当に最後、〇〇（男性）に力を貸しなさい。南極へ行くことができるように。

今のままでは心臓が止まる。南極へ旅立つ前に」

このメッセージを寄せたのは、阪神淡路大震災の際、何時何分までぴったりと言い当てられたかたでした。

とても心配する周囲のかたがたに、男性はこんなふうに話されたそうです。

「みんな心配しているみたいだけれど、特攻隊を考えてごらんよ。百パーセント死ぬことが確実だった人たち。しかも人殺ししなくてはならない。僕は、まだ生きる確率が二十パーセントあるし、人を殺さなくていいし、ありがたいよ」

こんな発想で、男性は心配される周囲にさえも気を遣って、お話をなさるのです。けれども、それでも、男性は奥様に生命保険と遺言を残され、そして、南極大陸へと旅立たれたのでした。

二〇〇一年九月十一日、アメリカで同時多発テロ事件が起こりました。旅客機がワールドトレードセンターなどに突っ込んだ状況は、世界を震撼させました。

この直後、男性にこんなメッセージが寄せられていました。

「宇宙の中の地球、地球の中の人間（生命）。宇宙の中の地球を見れば、かなり汚れてきたぞ。汚れた地球を見れば、中に住む生命かなり腐れてきたぞ。このままでは地球が危ないぞ。腐れた部分をとりのぞこうぞ。急がねば、地球が腐るぞ。地球が腐れば、宇宙のバランス崩れるぞ。もう待てぬぞ。もう待てぬぞ。そなたの地球に対する応急措置、腐れる速度が速すぎて、地球もこのままでは危ないぞ。宇宙のバランス保つことが我々の使命ぞ。宇宙のバランス崩す腐れはすべて取り除こうぞ」

二〇〇二年一月、男性が南極大陸に出発される直前、男性と御縁をいただいたかたの結婚祝賀会が予定されていました。御夫妻は、男性が南極に二度目の訪問をされることを知ると、結婚祝賀会の中止を申し出ました。

けれども、男性が予定通り実施しましょうと御夫妻に提案されたのです。この祝賀会の実施によって、縁ある人々が集結でき、それが皆と会うことのできる最後になるかもしれない――男性のお心には、そんなお気持ちがあったのかもしれません。この時、集ったのは、二十一名。まるで二十一世紀のはじまりを象徴するかのような人数でした。

この時、男性はこんなふうに語られています。

「自分の人生を振り返ると、おそろしい人間がいたものだなあと思います。僕が歩んだ道は神がつくった道で、僕は自分でやったとは思っていません。できるわけがありません。ただ、神が人間はこうあってほしい、こういう心で生きてくれんかなあと思った生き方を演じさせられただけのことだと思います。

大変な時代が来ていますね。去年一年見たとおり、とんでもない世の中の動き。人類はまっしぐらに地球を崩壊する方向に突き進んでいるように思います。それでも、最後に地球自体は壊れないように守らないといけないから、南極まで行ってくるんですけど、何でも最後は大変なんですね。富士山に登ったことがある人はわかると思いますが、九合目を過ぎてからがただごとじゃないんですよね。

昨日、十一歳になるうちの娘が、僕の机で絵を描いていました。描いているときは隠して見せてくれませんでしたが、出来上がったら僕の机に置かれていて、それはペガサス、天馬に冠《かんむり》をかぶったお姫様が南極に行く姿でした。

そして、昨日、娘が習字を書いていました。たぶん、冬休みの宿題だったと思いますが、

「大地に立つ」と書いてありました。ああ、これは神様からのメッセージだなぁと思いました。

今朝、また娘が僕の机で一生懸命何か書いているんです。僕へのメッセージを神様が子どもを使って書かせたのかなぁと思って読んでみたら、みんなへのメッセージみたいだから、あとでみんなにお渡ししたいと思います。

『新年への抱負

私の新年への抱負はまず学習面です。そして、生活面では言葉づかいに気をつけ、時間を守り、けじめのある生活をめざしたいです。そして、いいん会では思いやりをもち、すすんでこうどうをしたいです。そして、先生の言うことをよく聞く耳をもちたいです。そして、全体の抱負は、あいさつをたくさんし、思いやりをもち、読書をたくさんし、自主的にかつどうし、真剣に話を聞き、計画を立て、学習をしたいです。そして、手伝いをたくさんし、こまっている人がいたらたすけ、言われたことはきちんとして、人にめいわくをかけずにいたいです。そして、新年は今までよりいい年になりますように。

新年、がんばります』

思いやりとか、基本的な生き方を全部示していますよね。これは皆さんへの新世紀へのメッセージじゃないかと思います。人間としての基本が、全部書かれていると思います。難しい書物を持って帰るよりも、このほうがいいんじゃないですかねえ。教えとはこんなものじゃないのかなあ。もし地球が生き残ったら、みんなが新しい種人《たねびと》になって、ここに書かれているような良い人になるようめざしたらいいんじゃないのかなあ」

男性は、御縁あって集われた二十一名の皆さんにそう語られたのでした。


男性が南極へと出発された二〇〇二年一月十七日、名古屋空港でご一緒する機会がございました。

男性が、お荷物を何一つ持っていらっしゃらなかったことに私は大変驚きました。

本当に身一つで、出発されたのです。

朝、山で禊ぎをされた後、国内線で、名古屋空港までいらっしゃった男性。

これが最後の旅です、と告げられた二度目の南極への旅。この十数年で、各大陸も極点さえも巡りに巡り、走りに走り続けた男性の、最後だと告げられた旅。

「僕が死んだら仕事はやめろ。それでも、プライドは保って生きてくれ」——男性は出発前、奥様にそう語られたそうです。

手荷物検査上で軽く手を挙げて、見送る私たちに合図をなさった男性は、そのまま南極へと向かわれました。その場に居合わせた数名は、全く言葉もありません。皆、空港のロビーのベンチで、飛行機が出発する時刻まで、その場を離れることができませんでした。

男性が南極に向かわれている間、断食もなさってご無事をお祈りなさったかたがいらっしゃいました。

そのかたは、ある日の朝、夢をご覧になられたそうです。

男性がなぜか赤ちゃんとなり、生まれ変わって、赤ちゃんとは思えないほどの速さで走り出していかれる、という夢だったそうです。

南極でお亡くなりになるか、新たに生まれ変わるかの二者択一だと思っていた男性も、後日、このお話をうかがって驚かれました。このかたの夢を見た日が、まさにお祈りの日だったのです。


男性が南極に向かわれていた間、鹿児島の海岸に十四頭のクジラが打ち上がり、そのうち、十三頭が亡くなりました。海の惨状をお伝えすること、宇宙の大きな神様や海の神様が大改革、そして……。意味があってのものでした。

男性は、帰国後すぐに鹿児島に向かって、クジラの供養をされていらっしゃいます。


人知れず、こんなふうに地球の極点まで旅を重ねてこられていた男性。

二度ずつも北極と南極に向かい、それ以外にも、命がけで地球各地を何度歩んでくださったのなら、私たちは御心にかなう世の中を創りあげることができるのでしょう。

(十二) 与えに与え、尽くしに尽くし、支えに支え

かつて男性が、イースター島を訪問された時のことです。

現地でこんなことをお知りになられたそうです。

イースター島の各部族は当初、太陽の神と自然の神を祀り、共通の信仰を持った平和な島でした。森林に囲まれた、緑豊かな島。海と山の恵みにより、各部族は仲良く暮らしていたのです。

ところが、いつのまにか、部族の信仰は偶像崇拝へと移行していきました。部族の長は、自らの力と権威の象徴としてモアイをつくるようになり、各部族はモアイの数と大きさを競うようになっていきました。

狩猟と自然の恵みで生活しているぶんには島の生活も成り立つのですが、巨大な石像

を作り出すには多くの労力が必要です。そのため、農作物をつくる人々が駆り出されることになりました。さらに、モアイを運ぶには大量の木材も必要です。人々は山林を切り倒し、農作物の栽培は滞り、食糧難へと移行をしたのです。山林の争奪や食料の確保のために、部族抗争が激化。ついには人口減少となりました。森林の伐採によって、土地の保水力が失われ、やせた土地になり、大恐慌へとつながっていきました。

このイースター島の教訓は、何を現代に語りかけてくれているのでしょうか。豊かさのために熱帯雨林を砂漠化し、自然破壊を推し進め、利便さを追求しすぎるあまり、大気汚染や公害まで発生させ、ついには自分たちが住むことのできない状況をつくってしまっているのは、現在の私たちでもあるのではないでしょうか。

今の地球自体が、もしかするとあの時のイースター島なのかもしれません。

モンゴルの旅をご一緒させていただいた年、東京の電車内で「Fire power in FUJI」とプリントされたTシャツを着た青年がいて、その文字が気になりました。「富士山」の「火の力」という文字に、思わず〝マグマ〟や〝噴火〟を連想したのです。

この時期、飛行機でもバスでも電車でも、国内各地で火が出るという、通常ではありえないような現象が続いていました。しかも、どれも大惨事になる危険性をはらんだものであったにもかかわらず、まるで神様がなさったかのように、すべてのケースで死者が出ていなかったのです。誰かのタブレット（持ち運びのできるパソコン）から出火し、新幹線が緊急停止するということもありました。

この年、メキシコで大地震がおきました。バリ島でも噴火の恐れということで、三万人を超える人々が避難をしました。

そんな中、「米国のイエローストーンで破局噴火が迫っている？」という報道記事がありました。イエローストーンはアイダホ、モンタナ、ワイオミングの三州にまたがる国立公園で、北米最大の火山地帯です。地下には世界最大のマグマだまりがあるとも言われ、約二百十万年前、約百三十万年前、約六十数万年前の三度、超巨大噴火があったそうです。もし近未来にこのイエローストーンが噴火すると、溶岩によって全米の半分以上が覆われ、九万人が命を落とすと見積もられているとのことでした。実は、ここでこの時期、千五百回もの群発地震がおきていたのです。

飛行機から落下物があり、車にあたるという出来事が大阪でありました。その後すぐ、茨城でも飛行機から落下物があったことが報道されました。
こうした一つ一つが、実はメッセージでもあるのでしょう。

そんな中、私は、男性がたくさんのお土産を参加者に与えようとしてくださっている最後の御講演の夢を見ました。別の日には男性からコーヒーを頼まれ、取りに向かったら、なぜか富士山の溶岩を渡された、という夢を見たこともありました。

世界各地で様々な体験をなさりながら、これまで数百回もの海外、数千回以上の国内の旅をされてこられた男性。

男性とともに初めて広島を訪問させていただいたのは、二〇〇一年八月六日のことです。
前日、元伊勢で御一緒させていただいた男性は、その後、富士か広島かとお考えになられ、広島をご案内くださりました。

いうまでもなく、地球に初めて原子爆弾が投下された日です。

一九四五年のことでした。

男性のお誕生日と同じ数字の時刻に、原子爆弾が投下されました。たった一発で多くの人たちの命を奪った原子爆弾。

「この日は、いっぺんに何万人もの人々の命日になってしまった日だね」と男性は語られました。動植物や昆虫など、どれほどの命がこの日、未来をまるごと奪われてしまったことでしょう。

恥ずかしいことに、私が広島市原爆戦没者慰霊式、ならびに平和祈念式典に参加したのは、この日が初めてでした。

連れてきていただかなかったら、この式に参加することすら考えていなかったのです。日本人として、とても恥ずかしい、全く心のない者でした。

「花は地球で一番のたからものだね。生きている人のこころも、死んでいる人のこころもなぐさめてくれる」――男性は、旅の途中にそう語られました。

男性が、オーストラリアにある世界最大のサンゴ礁地帯「グレートバリアリーフ」を訪問した際、次のような出会いがございました。現地の無人島を訪問するオプショナルツアーに参加した時のことです。英語でのツアーだったため、三十名ほどの参加者の多くは欧米系などの外国人でした。その中に、日本人がわずか二人だけ参加していました。男性以外のもう一人のかたは、男性が英語のみの船内アナウンスを聞き逃して困っていないかと、集合は「（　　）に、○時だそうです」と教えてくれました。

男性の父親世代と思われるかたでした。

このやりとりをきっかけに会話が始まると、このかたは実は日本語でも英語でもたくさんの著書を持つ、ある分野の大変な著名人であることがわかりました。人はどう生きるべきなのかなど、生きかたの指針に関した著書も持つ人だったのです。

国内の大学を出た後、アメリカ大統領を八名、ノーベル賞を四十八名も輩出するような世界的に有名な大学の大学院で学ばれていました。その人が、無人島の砂浜で原稿を書こうとオプショナルツアーに参加されていらっしゃったのです。

男性はこのかたとお話ししつつ、お相手の体調が良くないことを察して、尋ねてみました。「お身体の具合はいかがですか」と。聞かれたかたは、実は別のかたからも言われ、思い当たる節《ふし》があったそうです。

そこから、お二人の本格的な対話が始まりました。

話し込むうちに、大学でも国際文化学部教授として教鞭をとり、ある分野の国際交流審議会委員長も務め、この世界では頂点に君臨するような人だということがわかりました。そんなかたが、話し込むうちにGパン姿の男性を見る目がどんどん変わっていきました。

こんな人が本当にいるのか、と。

やがて帰国後、この委員長は自らの著書を、男性は、男性のことをあるかたが英語で書いた本を、お互いに送付されました。

すると、この委員長は親子ほども年の離れたGパン姿の男性に、「御指導をお願いします」という御手紙を出されたのです。

そして、ただお手紙を出しただけでなく、奥様とともに実際に飛行機に乗り、八十歳を過ぎて自らレンタカーを運転なさり、男性のもとまで訪ねて来られたのでした。ぜひ、妻にも会っていただけたら、と。

ある分野の頂点に君臨するような人です。

奥様も、ご主人のもとにたくさんの人たちが訪ねて来ることはあっても、ご主人自らがこんなふうに他者を訪ねるような人でないことを重々わかった上で、とても珍しいことだから、と同席されていたのでした。

そして、実際に男性と会ってみて、奥様も「やっぱり、人と違うわね」とご主人に話されたそうです。

その後も、この委員長は旺盛にお仕事をなさり、やがて、ある年の瀬も迫った十二月に他界されました。奥様はご主人が亡くなられたことを、男性にお手紙で知らせたそうです。

「主人が手帳に先生のお名前を書き記し、先生の住所を亡くなるまでずっと大事にしておりましたから」と。

ご主人の、男性を尊ぶお気持ちを理解されたからこそ、奥様はわざわざお手紙を認《したた》められたのでした。


こんなこともございました。

数百冊の著書を持ち、日本人の誰もが知るほどの評論家が、男性とある船の旅で一緒になったことがございました。独特のスタイルで、歴代首相とも親交があり、広い知見が多くの政財界の人々からも一目置かれる存在の人でした。自治体の長をされた方の中には、このかたを師と仰ぐ人もいます。日本が生んだ世界的企業のトップとも親友として、家族ぐるみでスキーやテニスを楽しむ人でした。大きな新聞社のトップも認める、「知の巨匠」の一人として、メディアで引っぱりだこだった人物です。

その人が、同じ船の旅で男性と一緒になり、話し込むうちにみるみる顔が紅潮していきました。実は、私もこの場に居合わせておりました。いつもの辛口評論家の風貌とは全く違った、生き生きとした、まるで童心すらも感じさせるような目の輝きです。この

かたは、部屋にいた奥様に、

「お母さん、今まで世界じゅうを回ったけれど、こんなにすごい人は初めてだねえ」と語ったのでした。

そして、「知の巨匠」は男性にそう語ると、まさかの行動に出ました。

私も思わず、目を瞠《みは》りました。

こんなすごい人に初めて会った、と、テレビでもおなじみの「知の巨匠」は、嬉しそうに男性に抱きついたのです。

この光景を歴代の首相が見たら、どれほど驚いたことでしょう。

財界の超大物ですら、見たことのない光景だったかもしれません。

長年親交のあるメディアのトップがその場にいたら、驚き、ひっくり返っていたかもしれません。

衝撃的な場面でした。

それぞれの分野を代表するような、その世界のトップだと認められるかたがたが、男性と話すと、これまでの鎧《よろい》をあっというまに脱ぎ捨て、心からの笑顔で嬉しそうにお話をなさるのです。まるで、生まれてきて良かった、生きていて良かったと、魂から歓喜なさるかのように。

各分野を極めたかたがたは、一つのゴールのさらにその奥に、さらにその上に、私たちを誘《いざな》い、導いてくださる、〝究極の教授〟がいることを魂で感じ取られるのではないでしょうか。「教授」とは、「教え」「授《さず》ける」と書きますが、男性はまさに、分野を超えて「教え」「授け」てくださるかたなのです。

それぞれの分野がひとつひとつの博物館だとしたら、その博物館の館長たちに、それさえも超えて巨《おお》きく包む、別次元の博物館があることを訓《おし》え、示唆《しさ》し、導いてくださるかた――それが、この男性なのかもしれません。まるで、「遥かなる別次元への手引書」をお持ちでいらっしゃるかたに思えるのでした。

男性は、私たちにこんなお話をしてくださったこともございます。

「神様は、「技」には感動しないんだよ。神様が感動するのは「心」だよ。どんな地位も権力も、優しさには勝てないね。思いやりの心には勝てないね」。

「お金にこだわることが悪いと思う人が結構いて、お金に振り回されないことを無欲だと思っている人がいる。けれども、自分だけを高めようとする人より、人を救うための経済活動をしている人のほうがすばらしい。そういう人のほうが、もっと世の中に価値がある。この差はこども（求める愛）と大人（与える愛）の差だね」。

「ただ技だけを磨くには独身がいいのかもしれないけれど、人としての道や心を作るには、結婚して子育てすることだね。こどもを持って、子育てをして、初めて親の苦労がわかるものだし、子育てを通して、人間の芯のようなものができていくね。たとえば富士山に登ったとして、自分一人で登ったのと、こどもを二・三名連れて登った人とではずいぶん体験に開きがあるでしょう。こどもをもって育てるということは、こどもを背負って山登りをするようなもの。すごいハンデを負う。ハンデを負いながら、人間の思いやりやら忍耐力、こどもをかばおうとする強さや体力までがつくられていく。人間の芯ができていくね」。

「地球も人も、血の色は一緒だね。赤くて、やがて固まると黒くなる。地球の内部からマグマとして吹きあげられている各地の噴火は、『地球の血しぶき』だよ」。

男性は夢の中で、地球が酸素ボンベをくわえている姿を見せられたこともあったそうです。

以前、男性と日本列島をめぐる旅を御一緒させていただいた際、自宅に戻ると、なぜか体がどんどん沈んでいくのを感じたことがありました。夢なのか、まどろみなのかはわかりません。

ただ、とてもリアルな感覚でした。

自分の身体が、なぜか日本列島のように感じられて、ぐんぐんと海に沈んでいく感覚でした。あがこうとしても止められません。もうだめだ、息ができないと沈んでいく中、突如、ある腕が真上に糸を引くように、一気に引き上げてくださったのでした。

男性は、人間の指十本を使って人としての生きかたをお示しくださいました。
どなたにもわかるように、右手と左手を用いてのお話です。
「右手」が陽だとすると、「左手」は陰をあらわします。
親指から小指まで、すべての指の一本ずつが大事な訓《おし》えにつながっています。

右手（陽）……人の道

一・自立
経済的にも、精神的にも、「自ら立つ」と書く「自立」がスタートラインです。大人でも「自立」できていない人がいるのではないでしょうか。人に迷惑をかけないで生きることが「自立」の基本です。

二・結婚

他者との関わり合いの基本形。それが結婚です。結婚を通じ、お互いに共同作業をすることで培《つちか》えるもの。喜怒哀楽、苦楽を共にしながら、人は学びを深めていきます。

三・子育て

男性はかつて、本当に「子育て」なのだろうかと問いかけられたことがございました。こどもによって育ててもらっているのはむしろ親のほうなのではないかな、と。忍耐力、精神力。こどもも人生の大事な恩師です。

四・親孝行

育ててくれた親への感謝。子育てを体験してあらためて親がどのような思いをして育ててくれたのかが身に沁みて感じることができます。

五・社会への恩返し

社会があって自らも活かされます。おかげさまで、という感謝のこころを世の中に還元していく尊さ。これも人の道です。

左手（陰）……感謝の道

一・御先祖様への感謝

今、生きていられるのは御先祖様が命をつないでくれたからこそです。血は地に通じる「いのちの土台」です。お墓参りや先祖供養のたいせつさ。御先祖様の功徳《くどく》によって、子孫が恩恵を受けていることもあるのだそうです。

二・仏様への感謝

目には見えない場所で私たちを御加護くださる仏さま。

仏さまへの感謝を忘れずに暮らしていくことの大事さも忘れたくありません。

三・神様への感謝

目に見えない場所で今日も私たちを導いてくださっている神々様。時代も越えて、人々を見護りくださる神々様への感謝のこころ。

四・地球（地）への感謝

三百六十五日、二十四時間、私たちはこの地球の恩恵を受け続けて生かされています。多くの生物種も支え続け、「母」にも喩えられるみんなみんなの地球です。海、山、川、森、動物、植物――皆、地球の大事な器官であり、ひとつひとつの細胞なのではないでしょうか。

五・宇宙（天）への感謝

地球すらも見護り、育んでくださる大宇宙。太陽の恵み。月の恵み。星々の恵み。太陽系も、銀河系も、さらにその奥の奥までも、無限に広がっていく尊き大宇宙。

この両手の十指を合わせて、人は初めて合掌をすることができます。

どこが欠けても片手落ちです。墓参りもしない人が森林を救おう、というのはアンバランスです。自分の親をないがしろにしながらホームレスの支援をしているのもアンバランスです。土台となるものをきっちりと整え、バランスよく生きていくことの大事さを、男性のうしろ姿が語りかけてくれました。

あるアジアのツアーに男性が参加された際、大学の医学部に通う二十四歳の女性が参加していました。この国で最高峰の大学医学部に通う女性は、日本の大学を出て薬剤師の資格を持ちつつ、数年働いたあと再び大学に行き、医師免許を取ろうとしていました。一人娘だったためか、わがままな面があり、一緒に旅されていたお母さんを女中のように扱っていました。この娘は言い出したら聞かないと、お母さんも手を焼いていたようです。

女性は、男性が人とどこか違うことを食事などの席で感じていたようです。ついには、男性の奥様に「ごめんなさい」と言いながら、バスで男性の隣に座るような見境のなさを持ち合わせていました。

男性は、二十四歳の女性にこんなことを話されました。

女性が、勉強で結果を出すことが成功者だと思っているふしがあることを見抜いていていたのです。医者という立場が、社会的な名誉だと思うようなタイプの人でした。男性は女性に、「何のために勉強をしているのか」と問いかけられました。十法を話され、あなたはまだ一本の指も完成していないのに、何を偉そうなことを言っているのか、と話されたのです。すると女性は、自分が恥ずかしくなると反省していました。最後には、連絡先を教えてほしいと何度も男性にたずねてきたそうです。私は、〇〇先生に会うためにこの国まで来たのだとさえ、語るようになっていました。

別のツアーでは、大学の名誉教授だという威厳のある男性とも一緒になりました。中国の雲南省を旅した時の話です。この人は六十代と思われる弟子と参加していて、弟子から、その道のエキスパートなのだとバスの中の参加者たちに紹介されるようなかたでした。添乗員が、バスでマイクを回してスピーチを求めるような人だったのです。

ツアーの皆さんが、山で散策をする機会がありました。

山で、男性は松の枝を手にしました。すると、ここの松は、針のような形態の葉が三本であることに気づき、参加者にお見せしました。日本人は、松といえば針のような葉が二本に分かれているものだと思うのではないでしょうか。皆さん、三本に分かれている葉を見て、とても驚かれました。その場にいた名誉教授のお弟子さんもびっくりしていたため、男性は大陸によって松の葉の本数は変わるということをお話しされたのです。

通常、日本では松の葉は二本に分かれています。

けれども、高野山で弘法大師の「三鈷《こ》」の伝説」に因む松は、中国大陸と同じように三本に分かれていました。「三鈷の伝説」とは、弘法大師が唐の明州《めいしゅう》（現在の寧波《ねいは》）の港から、密教を伝えるに相応しい場所があれば示したまえと祈願し、日本に向かって三鈷を投じてから帰国すると、後に、高野山の松の枝にひっかかっているのが見つかったという伝承でした。

ロッキー山脈も三本です。

上には上があり、アンデスでは四本、さらにヒマラヤでは五本に分かれているのだということを、男性は体験的に知っていました。

遠目に聞いていた名誉教授は、一目置いたように、どこの大学ですか、専門は何ですか、と聞きました。男性は、高校卒業ですよ、すべて体験で得た知識です、と語ると、それまで自信満々だった名誉教授の態度が、ガラッと変わったそうです。

男性が、電車による日本一周のツアーに入った時には、恰幅のいい事業家か社長のような雰囲気の人が、「自分はたいがい、人を見ることができるつもりだけれど、○○さんだけは正体が見抜けない」と、男性に話したそうです。ツアーのあと、運転手が、「社長、お迎えに参りました」と、黒塗りの立派な車を横づけされるようなかたでした。

逆に正体がばれてしまい、社長は照れて恥ずかしそうに肩をすぼめて、男性に小さくなってご挨拶をしたのでした。

男性と高野山をご一緒させていただいた際、私は奥の院で手を合わせることで満足していました。けれども、男性はこの日、弘法大師がこの地を開く際、地域を御守されていた丹生都比売《にうつひめ》様に土地をお借りします、とお祀りされた場所があることを教えてくださりました。これまで幾度か高野山の奥の院にもあがらせていただいていたにもかかわらず、丹生都比売様の御存在や丹生都比売様をお祀りされた弘法大師の御心には、全く思いを馳せておりませんでした。こんな者にも、手をとり足をとるように、丁寧に解説をしてくださる男性なのでした。

つねに身を清め、つねに心を清め、つねに知恵を磨き、つねに徳を積み、つねに道を求める——この五つが、すべての人々に基本的なものだそうです。この身体も、指の一本一本も、目では見ることのできない心臓も、血流も、すべてはお借りし、授《さず》かっているもの。生かされていることをつねに忘れず、精いっぱい励んでいきたいと思うのでした。

モンゴル最終日の夜、男性はコーヒーを飲みながら、これまでの日々を振り返って、お感じになられたことをお聞かせくださりました。

多くの経済人は生涯を通じて、事業だけに励んでいきます。けれども、一生はお金儲けをするためだけにあるのでしょうか。

脱皮する生きものが地上に在るが如く、それまでの日々に固執せず、己自身を乗り越え、新たに生まれ変わることも、人間にはできるのではないでしょうか。

男性は、これまでの日々を振り返り、人は一生で三生、生きることもできるよ、と語りかけてくださるのでした。

一回目は自分のため、二回目は世の中のため、そして……。

宇宙にも奥の奥があるように、人生にも深さや奥行きが広がっています。男性は、周囲からどんなに称えられても、ここが頂点だと定めずに、日々成長できたらいいなあとおっしゃいます。自分は今でも、まだまだだと思っているよ、と幾度もおっしゃいながら。

男性は、あるかたがお書きになった本の中で、次のようなメッセージを語られたことがございました。

「このたび、○○氏がこの本を書くことになりましたが、私としてはこのことを秘密にしておくつもりでした。死ぬ間際に、子供や孫たちに父親として、祖父として、花の種子を配っていた頃の『新聞の切り抜き』を形見として残す予定でしたが、勧めもあり、またいく人かの道を求めている人々の参考にもなれたらと思い、この本が出版されることになりました。

ここに○○氏がいろいろ書いておりますが、それはそれとして、私はどこにでもいるごく普通の父親です。むしろ、ふつうの父親よりだめな父親です。若いときには、手のつけようもない、どうしようもない人間でした。自信を持って言えるのはそのことだけかもしれません。高校の頃は交通事故で親不孝をし、事業家時代は家庭をかえりみず、妻子を粗末にし、世の中にも迷惑をたくさんかけました。そんな愚かな男が、ある年の正月になんとなく、自分の生きざまを反省し、少しは、ふつうの父親になりました。

特別なものは何も持ち合わせていません。身体も、頭も、心も、『並み』の人間でございます。選ばれた人でもなく、特別の人でもございません。

ただ、十年ほど前に、こどもたちのことを新聞やテレビで見ていて、自分にできることは何かないかと行動に移しただけのことです。

道を求めたわけでもなく、宗教に入ったわけでもなく、ただ自分が思ったことをできる範囲でやってきて、今もやっていて、これからもしようと思っているだけの平凡な父親です。

たしかに、いつのまにか世界を回ってしまいましたが、その気になれば、誰にでもできることです。みなさまも自分にできる何かを探して、ぜひ実行してみてください。不思議なことが、身にも、心にも、頭にも、生活のなかにも、自然にも起こりますよ。がんばりましょう。

みんなの力で社会をよくしていきましょう。

一九九四年十月二十一日　」

「モンゴルへの旅」の最終日、那覇空港で飛行機の上の棚から荷物を降ろすのに困っていらしたおばあさまがいました。

私も同じ空間にいたのですが、私はこのおばあさまが困っていることに全く気がつきませんでした。けれども、男性はすぐに察知され、荷物を降ろされるサポートをされていらっしゃったのです。

男性は、ごく自然のことだよ、という表情で、「今でもしょっちゅうしているよ」と話されます。

「どこかの先生のように、おい、やっておけ、と言えるような性格だったら楽なんだけど」と冗談をおっしゃりながら……。

あるかたは、男性が中国で飛行機を降りる時、こんな状況を御覧になられたそうです。三、四歳の子が飛行機のタラップをヨチヨチと降りていたため、後ろが込み合っていました。お母さんは両手にいっぱいの荷物を持っているため、こどもの手を取ってあげることができないのです。男性は、ためらいもなく、その子をひょいっと抱きあげ、トラップを降りたそうです。降りたところで、今度は頭に荷物を載せ、両手にも荷物を持っている御婦人の片方の荷物の紐が切れているのを御覧になったそうです。御婦人が困っていることを察すると、男性は躊躇《ちゅうちょ》することなく、その紐の切れた荷物を到着室まで運んで差しあげました。そして、回転台のところで到着荷物を待っていると、現地の青年でしょうか、手押し車いっぱいに乗せた荷物が崩れ落ちてしまって困っていました。男性はすかさず、崩れ落ちた荷物の積み上げを手助けされたそうです。目の前で、短時間に三つもの出来事に遭遇され、同行していたあるかたは、男性の優しさと行動力に感動されたそうです。

モンゴルの空港で、男性は現地通貨に両替されていたすべてのお金を用いて、同行したメンバーに絵本やモンゴルの歴史の御本をプレゼントしてくださいました。

猫がネズミに説法をしている絵本がありました。

ねずみを食べてしまうのではなく、猫がねずみたちの心を育んでいる絵本です。

もう一冊は、モンゴルの若い王様と王女様が、二人のこどもたちとともに笑顔で表紙に描かれている絵本でした。そこには、動物たちや村の人々も、住居も空も、雲も描かれています。裏表紙には、皆で大きな太陽を仰いでいる絵が描かれているのでした。

男性はかつて、夢の中で大きな白いクジラと親子のように泳がれたことがあったそうです。そのお話をうかがったかたに、どのくらいの大きさでしたか、と聞かれ、飛行機のジャンボくらい、とお伝えされたそうです。

それから約一ヶ月。実際にクジラの絵が描かれたジャンボの飛行機が、男性の前にあらわれたのでした。

ここのところ、クジラが本来の場所ではない、人々の生活エリアの川にまで来ることが報道されます。クジラは、何を私たちに語りかけようとしているのでしょうか。多くの魚のように外界の水温に左右されることはなく、クジラは三十五度から三十六度の体温を持ち、出生後一定期間は母乳で保育します。

世界各地に、クジラを神聖化している地域があります。

海を代表する生きものとして、地球や海の状況を語りかけてくれているように思えてならないのは、私だけでしょうか。

十五メートルものクジラが、命がけで訴えようとしていることを、私たちは本当に気がつけなくなってしまっているのでしょうか。

天は、どうしたら世界が続くのかをいつもお考えになられている、とうかがったことがございます。ブータンのように自然を愛し、他者を敬うという国であれば永遠に続くものの、もし人をだますような人が上に立つ国であれば、どんなに大きな国であっても将来の保証はないのかもしれません。感謝の対極にある、欺《あざむ》きや疑いの心。自らの意思で戦うことを発心したなら、真っ先に浄化され、消えていく国がこの地上にもあるのかもしれません。世界にも類をみない、戦争を放棄し、軍隊を持たない尊きものを天から授かりながら、それさえも揺らいでしまっている現実。地球で唯一の被爆国が、他国に迎合し、核の戦いに加担するようであれば、他の国が戦争をする、あるいは戦争に巻き込まれるのとは訳が違う大きな裁きがくだされるように思えてなりません。

かつてモーゼ様は、シナイ山で十戒を授かったあと、たった一度神様を疑ったがために、一人残って自ら責任をとろうとされたそうです。

この地球をなくしてしまったら、宇宙全体のバランスが崩れていきます。何百億年も前にあらわしてくださったひかりを失えば、すべてのものが消え去っていくのです。自然なくして地球はあらず、地球なくして太陽系もあらず、太陽系なくして銀河系もあらず。宇宙にはたくさんの星がありますが、地球のようにすばらしい星はまれに見るほどだと語られます。

今、その地球に、汚れが溜まりに溜まってしまっているそうです。

自宅の庭も、汚れた時には大掃除をします。

何万年に一回、何千年に一回、何百年に一回とおこなわれてきた大掃除が今、必要な時を迎えているのかもしれません。


私は十七歳の頃、幾度となく同じ夢を見ていました。金色でしょうか、白色でしょうか、眩しく光り輝く波にすべてが流されていく夢でした。

一度見た後は、流されてしまわぬよう、できるかぎり尽くそうとするのですが、その途中で……という夢。

今はただ、後悔をすることがないよう、毎日を真剣に生きて参りたく存じます。

この年、男性との国内の旅の車中、幾度となく「南海トラフの地震」が来たら、という報道がされていました。私たちが、もし第三次世界大戦をおこすようなことがあれば、地球もついには渾身の力でその身を震わせざるを得ないのかもしれません。

海や山で、大自然が語りかけてくれている言葉に、真剣に耳を傾けなくては取り返しのきかないところまで来ています。それでも、そんな中でも、地球や人間を、救うためにお心をくだいてくださっているかたがいらっしゃるのです。

もし世界のどこかの国が、核兵器のボタンが押してしまったら、第三次世界大戦勃発へと展開しかねない国際情勢です。地球は、人間だけが暮らす星ではございません。モンゴルへの旅の数ヶ月前に男性が訪問された、幣立《へいたて》神宮の由緒が語られた紙に、「人類が仲良くならないと宇宙自体にヒビが入ることになる」という言葉がありました。「日の本は天地《あめつち》結ぶ日の宮居　霊《ひ》の本照りて地球《くに》は安けし」「五色《いついろ》の神の手振りぞ日の宮の斎庭《ゆにわ》に祈る世界《よ》の平和《たいらぎ》を」という歌も記されていました。


モンゴルから帰国後、男性は那覇空港で御一緒させていただいたグループのメンバーお一人お一人を、搭乗口まで見送ってくださりました。御自身のスーツケースを引きながら、お一人お一人全員をお見送りする姿が今でも心に残っています。

これが、男性です。

男性は、「家庭人として、社会人として、地球人として、天の御心にかなう生きかたを純粋に実行したい。世の中には、一人くらいこのような存在も必要でしょう」と、以前あるかたに話されていらっしゃいました。

「日本は本来、礼儀礼節の国。愛の上に礼儀があるよ。礼儀ができたら人は完成だね」と、モンゴルの旅で男性は話してくださりました。

沖縄も古来、礼節を弁《わきま》えることを旨とする「守礼の国」です。

あのナポレオン皇帝も驚いたという、武器を持つことのない国。

「沖縄」は、別の文字をあてると「大きな和」でもあります。

「大きな和」の「大和」は、古来「日本」を表わす言葉です。

沖縄（大きな和）と日本（大和）がつながっていくとき、そこから、どれほどのものが生まれていくのでしょうか。

絵本を配り、花を配られた男性は今でも匿名で世のため、人々のためになることを実践されています。ある時、新聞社がこどもたちの育英資金を募っていたことがありました。生活に困っている世帯のこどもたちの緊急支援や生活支援などを目的に、地元の新聞社と地域の共同募金会が、不安定になりがちなこどもの育ちと学びを応援するための希望基金を設立していました。こどもたちのことを思い、男性はそっと新聞社にまとまった額をお届けにあがられました。

新聞では、顔写真付きで○○さんが寄贈という記事が出ることがあります。けれども、男性は写真を撮ろうとする記者に、やめてください、もし名前を載せるならこのお金を持ち帰ります、と、現在でも匿名を貫いておられます。

コロナ禍で動物園が苦境に立ち、動物の餌代に困っているという時にも、人知れず、ご支援をなさるかたなのでした。

男性は、ありがとう、と言われることを決してのぞんでおられません。私も、旅の費用の持ち合わせがないとき、助けていただいたことがございます。男性は、「僕からもらったものは僕に返さなくていいさ。周囲に渡してあげたらいい。その輪がどんどん広がったらいいね」とおっしゃってくださっています。

与えに与え、尽くしに尽くし、支えに支え——これが男性です。男性の実践は、一つ一つが私たちに贈られた「たからもの」のように思えます。人は、こんなふうに生きられるんだよ、本来はこんな心を天から与えていただいているんだよ、と教えていただいている思いが致します。

この地上にお付けくださったあしあとすべてが、私たちへの手紙の文字のように思えて、御縁をいただいた一人として、この「あしあとの御手紙」を、僭越で、まだまだとても至らぬ者でありながら、執筆させていただきました。それが、本書です。

（十三）はじめてのマイホームの建設を中止した理由

二〇二二年以降、ウクライナの人たちが大変な戦火に見舞われています。アジアでも、いつ戦争がおきてもおかしくないほど、紛争の火種が幾つもくすぶり続けています。

二〇二二年末、ウクライナの大統領がアメリカ合衆国を訪問し、アメリカ大統領から有力な武器の提供を受けることになったとき、ロシアの前首相は中国を訪問していました。たった一発の暴発が、地球全体をも巻き込んだ大変な事態へと状況を悪化させかねません。一触即発の状況が続いています。

あるとき、男性の親戚が自宅に来る機会がありました。現在は結婚して東京で暮らす、三十歳くらいの女性です。その際、次のような話が出たそうです。

外から見たら全くわからないものの、男性がそれまで暮らしていた家では、十年ほど前から雨漏りのする場所がありました。こどもたちが巣立ち、奥様との二人暮らしです。当面、バケツを置いてしのいでいたものの、七十代となった男性は、「このまま雨漏りする家を妻に残せない、せめて妻に家をプレゼントしよう」とお考えになったそうです。日本じゅうを巡り、世界じゅうを、身を粉《こ》にして廻ってくださった男性は、これまでずっとご自身のことをあとまわしになさってきました。コロナ禍で旅ができなくなって、七十代にして初めて、ご自分の家をおつくりになることを考えられたのでした。家を建てる計画を立てると、奥様も大変喜んでくださりました。図面を引き、業者を決め、奥様も楽しみになさる日々。

やがて、価格が決まり、家を建てることに着手されたのは二〇二一年末のことでした。

新たな家を建てるため、それまでの家をすでに壊していた二〇二二年二月、ウクライナへの空爆が始まりました。家が破壊され、住み慣れた地域を追われていく人たちの涙や苦しみが連日連夜、報道されています。戦争下で亡くなっていく人たちが、毎日増えている状況でした。

男性は、こうしたウクライナの人たちの状況を見るにつけ、心が苦しくなりました。「毎日こんなに苦しんでいる人たちがいる中、自分たちだけ新たな家をつくっていいのだろうか」と、悩む日々が続きます。家を壊された人々の憔悴《しょうすい》しきった顔がニュースで連日報道されていました。

心の苦しさが限界を超えたとき、男性は、意を決して奥様に思いをお伝えになられました。「こんな時に、自分たちだけ新しい家をつくるべきかなぁ」と。新たな家をとても楽しみに、心待ちにしていた奥様は、それでも男性のこの言葉に同意をし、中止に賛成してくれました。

すでに間取りも決まり、周囲にも話し、これまで住んでいた家は取り壊されていたにもかかわらず、です。男性にとっては、七十代にして初めてつくる予定だったマイホームでした。

苦慮《くりょ》の末、奥様の同意を得て、男性は新たな家を建てることを取りやめました。ウクライナの人がかわいそうだ、と思う人は世界じゅうにたくさんいることでしょう。けれども、一方で自分たちは経済活動のアクセルを踏み続け、まるで別世界のことのように自由を謳歌しながら生活している人たちも多いのではないでしょうか。私自身もその一人です。現地の人がかわいそうだ、少しでも何かの足しになれば、と現地の支援活動をする国際機関や大使館に多少の気持ちを示すことはあっても、自分たちの生活は別だとばかり、日々の暮らしをより良くすることに没頭する日々。都会では億単位のマンションが売れ、贅沢三昧の暮らしをする人が少なくない状況です。

そんな中、奥様の同意を得て、初めて建設する予定だった自宅の工事を中止された男性。けれども、家の取り壊しはすでにはじまっています。

男性は急遽《きゅうきょ》、ロッジ風ともログハウス風とも呼び得る、木造一間《ひとま》の家を購入されました。すでに建売販売されていたものをクレーンで運び、新築を建設する予定だった場所に吊り降ろされたのです。ここを現在でも、生活の拠点とされていらっしゃいます。

当初予定していた、鉄筋コンクリートの家の何分の一かの価格。間取りも、予定とは全く変わりました。

それでも、奥様は新たな拠点を喜んでくださったそうです。

このエピソードを、三十歳ほどの親戚の女性は、涙ながらに聞いていました。「感動した、感動した、感動した」と幾度も繰り返し、「心が洗われる」と話しながら泣いていた女性。

この親戚の女性は、「自分が恥ずかしい」と語っていたそうです。これまでの暮らしでは、都会の中、間取りに関し、ご主人に不平を語ってしまったこともあったそうです。この親戚の女性は、自らの行動を恥じ、ここに来ることができて良かった、心が洗われた、またぜひ来たいと語っていたそうです。

今は、若い人たちも心よりお金を大事にする時代です。若者たちが、お金のために人を殺してしまう状況です。オリンピック組織の幹部でも、お金のために続々と逮捕者を出す事態となっていました。地位すらもお金で買う世の中——それが現代の社会でした。

そんな時代にウクライナの人々に思いを馳せ、自らの新築建設を中止されたかた。男性は、こんなかたなのでした。

「女房にはお家をつくったし、そろそろ自分のお家もつくりはじめているよ。帰り支度もせんといかんかなあと思って……。お墓という、〝永遠のお家〟を」

男性は、冗談めかしてそうおっしゃいつつ、実際にお墓の契約もなさったそうです。

男性はかつて、当時九十二歳だった、マレーシアのマハティール首相のことをお話しくださったことがあります。死体の中を歩く戦争の体験をしたかたが、日本で語った「憲法九条は世界の宝なのだ」という言葉。

絶対に、第三次世界大戦をおこさせてはならない、日本がかつて真珠湾に攻撃したように、北朝鮮がハワイに攻撃するようなことを絶対にさせてはならない、とお考えくださっているかたがいらっしゃいます。

最善のシナリオは、国々が仲良く和睦し、原発を自ら解体していくことだそうです。天の御心を地にならしめていくために、この本を、今こそ世の中に贈り届けたいと思いました。

男性が、沖縄のある海岸を歩いていたときのことです。

いかにも学者風の外国人が石を拾っていました。この外国人は男性に気づくと、日本語で自らが地質学者であることを語り、男性に特徴のある石を見せてくれました。

そして、驚くべきことを語ったのです。

それは、ここがかつて北極点だったことがある、というものでした。

石の模様と特徴を説明しながら、地質学者の外国人は、ここが太古の地球で地球の頂点（北極点）だった場所なのだと、解説をしてくれました。


それを聞いた男性は、かつて、北極圏を訪問した際、北極点までセスナで向かう最後のベースキャンプに、沖縄からのお土産を持参した時のことを思い返しておられました。

世界を旅する際、各地に琉球人形と沖縄の珊瑚を持参していた男性は、この北極圏のベースキャンプにも琉球人形と沖縄の珊瑚を持参し、この人は、という現地のかたに手渡しました。するとも、とても喜んだ現地のかたは、珊瑚を見て、これはうちの裏山にも化石があるよ、と持ってきてくれたのです。

そして、裏山の地層から出る珊瑚の化石を、男性にプレゼントしてくれたのでした。

沖縄の珊瑚を北極圏に持って行き、北極圏の地層から出た珊瑚の化石を沖縄に持って帰ることになった男性。

男性は今でも、この北極圏の珊瑚の化石をお持ちでいらっしゃいます。

海洋プレートに記録された古地磁気を研究する「古地磁気学」では、数万年から数十万年の頻度でN極とS極が反転することが語られます。軸を固定したまま、南北の磁性のみが反転するこの地磁気逆転の他に、天体の自転にともなう極が何かの影響で移動する「ポールシフト」も研究されている今。

ある学説によれば、直近のポールシフトは約七十八万年前に起こり、このとき、大規模な寒冷化が地球上でおきて、生態系に大きな影響を与えたそうです。過去二百年ほどの間に地球の磁場は二十％弱まり、次のポールシフトはいつおきてもおかしくない、もっと言えば、「差し迫っている」状況だと語る専門家もいます。

もしも今、極点が移動する「ポールシフト」がおこるとしたら……。

世界的ベストセラーとなった『神々の指紋』（グラハム・ハンコック　翔泳社）では、かつての南極は温帯にあり、そこがアトランティスだったと描かれています。

ポールシフトは、決して過去の出来事でも、絵空事でもなく、これからも起こり得るものなのです。

男性は、かつて北極点だったと語られた海岸を歩きながら、「こんな時にこそ、ポールシフトが必要なのかなぁ。人類が第三次世界大戦の核戦争で地球を破壊してしまう前に……」と、つぶやかれるのでした。

一九九四年七月、木星が受けてくれた二十数個の隕石のうち、じつは一つがまだ逃げているそうです。もしものときは……、と神様はあの時、お考えになられたのかもしれません。

二〇一九年四月十五日、八百年にもわたってフランスの人々に愛されてきたパリのノートルダム大聖堂で、大規模火災が発生しました。五百名もの消防士が徹夜で作業をしたものの、十五時間にもわたって、燃え続けたノートルダム大聖堂。ノートルダム寺院とも称される、この「ノートルダム」とは、フランス語で「我らが貴婦人」、つまり聖母マリア様のことを意味します。

燃える大聖堂が見える場所に続々と市民が集まり、多くの人たちが手を合わせ、祈りを捧げました。一九九一年に周辺の文化遺産とともに、ユネスコの「世界遺産」に登録されている、フランスを代表する建築物です。フランスのみならず、欧米を代表するゴシック建造物として、世界的に知られています。

地球の西で、このノートルダム大聖堂が大火災となった半年後、今度は同じ二〇一九年の十月三十一日に、地球の東で歴史的建立物の大規模火災が発生しました。

それが、沖縄の首里城です。

琉球王朝の王城だった首里城。

二〇〇〇年には、「琉球王国のグスク（御城）及び関連遺産群」がユネスコの「世界遺産」に登録されています。

二〇〇〇年、日本銀行が発行した二千円紙幣でデザインに描かれたのは、この首里城の守礼門でした。

沖縄の人々の精神的な支柱でもあった首里城が、大火災の発生によって、正殿が焼け落ちてしまいました。消防車両延六十台、二百十九名もの消防士が懸命に消火作業にあたったものの、総務省消防庁によれば、延四千八百平米もの敷地が消失したと言われます。火の粉は周辺の住宅街にも飛び、早朝、周辺住民三十人ほどが避難を余儀なくされました。

地球の西と東で、同じ年に、どちらも何百年にもわたって人々に愛され、尊ばれ続けてきた「聖域の建立物」が大火災で崩れ落ちてしまったのです。これは、果たして偶然なのでしょうか。

いい出来事が地球の東と西で起きることはいいですが、地球の核戦争が、決して、地球の西でも東でも起こらないことを願っております。

二〇二三年五月五日十四時四十二分、石川県珠洲《すず》市で震度六強を観測する地震がありました。震源の深さは十二キロ、地震の規模（マグニチュード）は六、五と推定されています。

この地震から数日後、男性と電話で話す機会がございました。

「今回の地震があったところ、知っている？」

能登半島だった、と思っても、「珠洲市」という地名が思い浮かびません。

男性は、「調べてごらん、僕は三十年以上前から、ここに行っているけれど、今の時期はとても合っている場所だから」と教えてくださいました。

すぐに検索をしました。

すると、今回の地震の場所が、それまで思いもかけなかった、大変な場所なのだということがわかりました。日本じゅうのどれほどの人たちがこの地域について、知っているでしょうか。


「ここの岬には碑があるよ」

そう教えてくださった、男性のヒントをたよりにこの地域を調べてみると、これまで国内のどこにも見たことがない碑が建っていたのでした。

「ここが日本の重心地」という碑。

「重心」とは、わかりやすくまとめれば、「物体の中心」ということです。その点を支えると、全体を支えることができる点、という意味で、大事な中心なのだと認識しました。

この地域の、ある岬が、「日本の中心」「日本の重心地」であるとは、私は五十年以上生きて、全く知りませんでした。そして、ここが大きく揺れるということは……。

男性は、「ついにここまで来たか」と思われたそうです。

事実、このあと、この原稿を執筆している五月十五日までに日本じゅうで地震が頻発しています。五月十一日には朝四時十六分頃、千葉県南部を震源とする震度五強の地震があり、同じ日に鹿児島県のトカラ列島近海を震源とする震度四の地震、さらには北海道の日高地方を震源とする震度四の地震、沖縄の宮古島近海を震源とする震度三の地震も発生しました。

翌五月十二日には愛媛県を震源とする震度三の地震、翌五月十三日にはトカラ列島で震度五弱の地震、翌五月十四日にもトカラ列島で震度三の地震、八丈島でも震度三の地震が発生しています。震度三以上のものを書き出しましたが、それ以外では五月十三日に山梨県東部・富士五湖を震源とする地震、五月十四日には小笠原の父島を震源とする地震、そして、神津島も地震で揺れているのです。さらには、韓国でも地震が頻発していました。

わずか十日ほどの間に、北海道から沖縄まで、これだけの地震が発生している現状と意味を感じ取りたいと思います。そこには、どれほどの天と地のメッセージが込められているのでしょうか。

男性が教えてくださったアドバイスを踏まえ、日本の重心地を起点に、北海道の宗谷岬までコンパスで円を描くと、ちょうど九州の佐多岬（本州最南端）までがすっぽりと入ります。

私はこれまで、日本の中心地は「東京」だとばかり思って参りました。けれども、日本の中心地は東京ではなかったのです。多くの人が、首都の東京が日本の中心だと思っているのではないでしょうか。

本当の中心（重心）に思いを馳せ、そこが震度六強もの揺れに見舞われた、ということの真の意味を、日本じゅうの人々にお伝え申し上げたく存じます。

男性は日本一周をしていた、今から三十年以上も前から、この地域に足を運ばれ、この岬に立たれていらしたのでした。

（十四）さまざまな生きものたちとの交流

数年前、ある草原に男性が立っていた際、何かの生きものが男性のほうに近づいてきました。

草の中を走って動く様子が、ゆらゆらと揺れる草の様子から感じとれます。すると、その後ろからもう一つ、大きな何かが勢いよく迫って来る様子を、より大きな草の動きから感じとることができました。とても緊迫感のある状況です。

前のほうの、男性に向かって勢いよく迫ってくる生きものは、「大きなねずみ」でした。その後ろから、草を大きく揺らしつつ追っている生きもののほうは「ハブ」でした。ハブはねずみが大好物です。

けれどもねずみが、助けて、と近づいてくることを察した男性は、迫ってきたハブに、「僕の前で殺生をしないでね」と語りかけました。男性を見て、ハブは動きが止まりました。すると、そのままUターンをして、ハブは帰っていったのです。ハブが戻ったのを確認すると、男性は大きなねずみを逆の方向に逃がしました。

男性にとっては、これがあたりまえの出来事でも、もし居合わせた人々が、ハブが男性の思いを受けて、Uターンをして戻っていくのを見たら、驚愕《きょうがく》するのではないでしょうか。

男性は笑いながら、そういえば、何カ所かに知り合いのヘビもいるよ、とおっしゃっておられました。

ある朝、山にいた男性が玄関のドアを開けたら、同じタイミングで「アカマタ」が顔を出したそうです。まるで、「おはよう」と、朝の挨拶をするかのように。

全長八十センチから百七十センチとも、二メートル以上になるとも言われるアカマタは、沖縄では「神様のお使い」と語られる存在です。毒がないため、人に危害を加えることはありません。男性の山の拠点の床下には、まるで護ってくれているかのように、アカマタも暮らしているのでした。

大きなねずみとハブとの出来事から数年が経った昨年、男性のもとに、大きなねずみが現れました。ふと、あのときの大きなねずみなのかな、と思われたそうです。

数日後、大きなねずみが亡くなっているのを男性が発見しました。通常、ねずみは猫と同じように、亡くなった姿を人に見せることはない生きものです。けれども、数日前に、男性にあらためて御礼の挨拶ができ、安心して天へと旅立っていったのかもしれません。

男性は、大きなねずみを供養するため、穴を掘り、塚をおつくりになられました。そして、今度は別の生きものに生まれ変わることができたらいいね、と語りかけ、無事に鳥獣の神様のもとに向かえることをお祈りくださったのでした。

男性は昨年、山を歩いていたら、黒いものが木にぶらさがっているところに遭遇したこともございます。よくみると、コウモリが亡くなっていたのです。こうした場面に出会うと、ほおっておくことができないのが男性です。男性は、亡くなったコウモリを木からおろし、穴を掘って埋め、石を置いて供養をしてくださいました。

大きなねずみやコウモリを供養された昨年。

人生で初めての体験を、こうして昨年もなさったそうです。

ねずみに羽をつけたらコウモリみたいだね、と男性はおっしゃっておられました。

「天」を往《ゆ》くコウモリを供養し、「地」を往《ゆ》くねずみの供養もしてくださった男性。「天」の生きものも「地」の生きものも、尊重してくださるかたでいらっしゃいます。

男性は笑いながら、「もしかしたら動物たちに僕の名前が知られているかもしれないなあ。あの人の前で死んだら、供養をしてもらえるよってね」と、ある日、冗談をおっしゃっておられました。

朝起きれば、カラスが「おはよう」と挨拶し、トンボもウグイスも、メジロもヒヨドリもアカヒゲも、男性のもとを訪れます。朝、男性が出てきた瞬間に、数種類の鳥たちの大合唱がはじまるのです。男性がこの星にこうしていらっしゃることの「奇蹟」と「尊さ」を、人間以上に野生の動物や鳥たちが識《し》っているのかもしれません。

カメとヘビが足もとでぐるぐる回る場面に遭遇した際には、北の守り神でいらっしゃる「玄武様」を思われたことがあったそうです。東の守り神の青龍様、西の守り神の白虎様、南をお守りくださる朱雀様、北をお守りくださる玄武様。

この四神と称される一神でいらっしゃり、北方の守護をされると語り継がれる「玄武様」は、脚の長い亀に蛇が巻き付いたかたちで描かれていることを、男性は御存知でいらっしゃるのでした。本当に神様は、こんな姿であらわしてくださるのですね、とカメとヘビに手を合わせて合掌し、ご挨拶をなさるのでした。

ここ数年、男性のもとを頻繁《ひんぱん》に訪れる白鷺がいました。毎朝と言ってもいいくらいのペースで、畑で餌《えさ》を啄《ついば》んだり、遊んだりしています。「おはよう」と毎朝、白鷺に挨拶することが、男性の日課の一つとなっていました。

ところが、昨年末、ゲートの中央に白鷺が立っていたことがございました。

普通は、人が近づくと白鷺は逃げ出すものです。

けれども、この日はなかなかゲートから離れようとしません。

男性は、ついに車から降りて、白鷺に語りかけました。

「こんにちは、道をあけてくださいね」と移動をうながすものの、白鷺はゲート付近からいっこうに離れようとしませんでした。

何かを察した男性は、最後は「ありがとうね」と白鷺に語りかけ、部屋に戻りました。

その後、翌日から今日まで、男性がこの白鷺の姿を見ることはありませんでした。白鷺も猫やねずみと同様、一般的に亡くなる姿を人に見せない生きものです。死期を悟った白鷺が、男性のもとにご挨拶にやって来たのかもしれません。

野生の白鷺です。

白鷺が人間に別れの挨拶にやって来るとは、一般的には考えがたいことです。けれども、かつてガラパゴス諸島をご一緒させていただいた際、ウミガメや魚たちが男性をとり囲むように続々と集まってくる光景を目の当たりにした私には、そんなふうに感じられるのでした。

あの日、白鷺はどんな思いで、ゲートの中央で男性を待っていたのでしょうか。

一九八五年、男性を初めて導いてくださったのも白鷺でございました。

やがて、満開の桜が日本列島を飾り、その後、色とりどりのつつじやチューリップ、芝桜、アヤメ、さらには見事な藤棚の花便りが全国各地から届く季節となりました。皇居東御苑では筍が出始め、「天の川」という種類の「サトザクラ」が開花した季節。

翌日からの雨予報を前に、あるとき、男性が草むらで作業をしていると、あの日の白鷺が亡くなっているのを発見なさいました。

驚いた男性は、丁重にご供養なさり、「今度は白龍になってね」と語りかけつつ、丹念に葬《ほうむ》られました。

すると、どうでしょう。

まるで、天に昇っていくかのように、天空の雲が白龍の形となったのです。

あまりのタイミングに驚きつつ、男性は白龍の形となった雲をそのまま見上げておりました。

すると、どうでしょう。

今度は、その白龍がさまざまな形に姿を変えていくのです。

最後には、真っ白な羽根のペンの形となっておりました。

夕陽を浴びて、光り輝く、天空に浮かぶ羽根のペン。

あまりの見事な出来事に、男性はすぐに、「こんなことがあったさ」と、お電話をくださったのでした。

二〇二三年五月十五日、男性のもとに朝、ヤンバルクイナが訪ねてきました。この日は、一九七二年にアメリカ合衆国から沖縄県が日本に返還された日です。一九八一年に発見され、翌一九八二年には国の天然記念物となったヤンバルクイナは、沖縄本島北部の固有種と言われています。

朝から絶滅が危惧され、国の希少野生動植物種に指定されている天然記念物ヤンバルクイナの訪問を受けた男性は、この日の昼、食事をしていた際、ある鳥の鳴き声を聞きました。

それが、ノグチゲラでした。

全身、濃赤褐色の羽衣が印象的なノグチゲラは、一九七二年に国の特別記念物、一九七七年には特別天然記念物に指定されています。

男性がかつて、初めてブータンに行った三十代の頃、空港の待合室で白人男性から話しかけられたことがありました。現在のように観光地になっていない頃のブータンの空港です。めったに観光客がいない場所だったので、白人男性は、男性に「日本のかたですか」と話しかけました。男性が、「沖縄からです」とおっしゃると、その白人男性は驚きつつもとても喜び、「ノグチゲラの島ですね」と語ったそうです。外国のかたがたにも、ノグチゲラは注目され、わかる人たちにはとても価値のわかる貴重な鳥なのでした。

そんな特別天然記念物の鳥が、男性が食事をしていた際、窓辺に姿をあらわしてくれたのです。

朝も昼も天然記念物が、男性のもとにやって来るなんて……。

沖縄にとって特別な日を、まるで寿《ことほ》ぐかのようです。

ヤンバルクイナはこの日、しばらく滞在して、一日に何度か、男性に姿を見せてくれたのでした。男性がノグチゲラの訪問をお聞かせくださった翌日、たまたま、その場にいた弟さんも驚かれるほど、ノグチゲラが三十分ほども鳴き続け、ここにいるよ、と合図をしてくれたそうです。

世界じゅうからの観光客が、ヤンバルクイナやノグチゲラに会いたくて、わざわざやって来るのに、男性のもとには、逆にヤンバルクイナやノグチゲラのほうから訪ねて来てくれる現実に、私は驚くばかりでございました。

いろいろな生きものとの遭遇を各地で果たした男性に、忘れられないこんなエピソードもございます。

一九九二年十月のことでした。

この日、山形県にいた男性は、思いがけず、満月の日に月山《がっさん》に導かれました。駐車場で、満月があまりにも綺麗だったので、男性はこの月の山の満月を楽しもうと、五合目をめざしました。富士山と同じように、月山は五合目までは車で行くことができるのです。

男性にとって、初めての月山への訪問でした。

五合目に着いてみると、誰一人、いません。

すばらしい月あかりに導かれるように、ふと登山道に入ってみると、満月のため、ことのほか、明るくなっていた道が続きました。

男性は、そのまま登山道を歩きました。

当初は、ちょっと歩いてみよう、という思いでした。

リュックサックを持参していません。

電灯の用意もありません。

それでも、月のひかりが男性を頂上まで導いてくれました。

通常は昼でも大変な登山が、無装備なままで、月あかりだけを頼りに頂上まで向かうことができるなんて……。古来、修験道《しゅげんどう》など、山岳信仰の地とされ、現在でも多くの登山者が訪れる場所です。

頂上には、月山神社がありました。

晴れた日には、石の鳥居の向こうにお城のような本殿を臨むことができます。

湯殿山、羽黒山とともに出羽三山に数えられる名峰「月山」。

その頂《いただ》きに、まさに月を仰ぐに相応《ふさわ》しい場がございました。

この場に、思いがけず、晴れた満月の日に導かれることがどれほどの奇蹟なのでしょうか。

頂上付近に岩があり、月明かりの中で、男性は大自然の神様に語りかけるように、「ウォー」という遠吠えのような呼びかけを致しました。すると、夜の闇のほうからも、男性に呼応するように、「ウォー」という生きものの遠吠えが聞こえたのです。あまりのタイミングのよさに、遠吠えをしたほうを眺めると、目がキラキラとした生きものの姿がありました。

まるで、日本ではすでに絶滅したと言われるオオカミのようでした。

現在でも、時折各地で目撃情報が報道されるニホンオオカミ。

まだ生き延びている個体が、実はこの龍のかたちの国のどこかで生息しているのかもしれません。

そんな生きものの、「ウォー」という呼応した遠吠えと、目の輝きを、男性は三十年ほど経った現在でも忘れずにいらっしゃるのでした。

モンゴルへの旅から一カ月ほどたったある日、男性と国内で御一緒させていただいたことがございました。

その際、こんなことをおっしゃられました。

「この世の中には善と悪があると言われているでしょ。同じ人の心の中にもある善と悪。この善の根源、悪の根源がどこにあるのか考えたことはある？」と。

モンゴルの旅のあとにお考えになられ、男性は今も毎日毎日が成長だよ、とおっしゃられます。

善と悪――おそらく中学生でもわかる言葉です。

けれども、その根源がどこにあるのか、と考えた人はどれほどいるでしょうか。答えられる人はどれくらいいるでしょう。

善悪と陰陽は違います。

「陰陽」は男女のように形があるもの。「善悪」にはかたちはありません。「光」と「闇」、ということを語る人がいますが、光と闇は善悪ではないのです。ずっと光なら、人は気がおかしくなってしまいます。闇の時間が長いからこそ、休みや癒しになるのです。宇宙にはたくさんの闇がございますが、決して悪ではなく、休みや癒し――私たちに、この宇宙に、闇も必要不可欠なものなのです。

それでは、「善」「悪」の根源とは？

「いい心」「悪い心」の根源とは？


人類最大のテーマと言えるかもしれません。

アダムとイブの創生期の頃からの問題です。


男性は、この二つの根源がわかればすべてが解決するとおっしゃられます。

それがわかった時に、人類は救われ、地球も救われることになるのではないかな、と。


人類がここまでおかしくなってしまったのは、これが原因です。

ある国のリーダーが失敗してしまったのも、これが原因でした。

善と悪の根源——これは本来、人から習うものではなく、自らが気づくべきものなのかもしれません。


答えは、とてもシンプルだそうです。

市民から大統領まで、もしこれがわかったなら人類は救われるね、とおっしゃられていました。

あなたはどう思いますか。

どんな答えを、御自身で導き出されるでしょうか。

（十五）みんなの御父様

モンゴルへの旅が、御縁のあったかたがたと行く最後のつもりで臨まれた旅なら、男性にとって、個人での最後の旅として向かわれたところはヒマラヤ山脈でございました。

地球上で最も標高の高い地域です。

地球最高峰のエベレストを始め、八〇〇〇メートルを超える山々が十四もあり、七二〇〇メートル以上の山々は百峰以上存在します。

ブータン、中国、インド、ネパール、パキスタンの五カ国にまたがるヒマラヤ山脈。

ここから流れる水がインダス川、ガンジス川、黄河、長江、ブラマプトラ川という世界的な大河となって、古代から人々の文明を支えて参りました。

世界的なアルピニストたちによって、極寒の地にそびえ立つこの偉大な山々は、「第三の極」とも称されます。北極、南極に次ぐ、「第三の極」です。

地球で最も高い八八四八メートルのエベレストの頂上は、私たちが暮らす地上の三分の一の酸素しか空気中にないと言われます。年間を通してマイナス二十度を大きく下回る大変な寒さです。さらに冬場には偏西風が吹き荒れ、まるで人を寄せつけないような極限の世界です。

実際、ヒマラヤ山脈には、ブータン政府によって登山を禁止されている山もあります。神々様が宿る山だから、と。

インドのヒンドゥー教でも、ヒマラヤ山脈は神格化されています。


男性は、ヒマラヤ山脈を縦断されるご計画を立てられました。

当初、一度はツアーに参加されたものの、ツアーではどうしても人に気をつかい、思うようなところで思うような祈りができない状況でした。

そのため、途中で体調を崩されてしまったのです。

再度、向かわれた際には、日本語がわかるガイドと運転手を個人手配し、ジープで何日間もかけて、地球にここだけしかない八〇〇〇メートル級の山々をもつヒマラヤ山脈を縦断されたのでした。

世界最高峰のエベレストはもちろん、信仰の山のため登頂許可のおりない名峰カイラス山まで、神々様のいらっしゃる場だと語り継がれた山々が続きます。

この奇蹟の山脈を、男性は一台の車で縦断してくださったのでした。

途中、現地のガイドさんも驚くようなオオカミが姿をあらわし、男性を迎えてくれます。

こんなことは、ガイドをしていても滅多に体験するものではなく、あなたは不思議なかたですね、と現地のかたから言われたのでした。

何日もかけ、最後にカイラス山に向かわれた頃には、ガイドさんから、「私が、世界で一番行きたいのは沖縄です。お近くで学ばせていただきたいです」と語られるまでになっていました。

地球にここだけの、とても尊い場所を縦断され、最後は飛行機で、今度は天から男性はヒマラヤ山脈をご覧になられました。奇跡的に天候に恵まれ、大変いいお天気の中で、地上からも天からもヒマラヤの山脈を体感された男性。

二番目に高い南米のアンデス山脈、三番目に高いロッキー山脈、さらには四番目の南極横断山脈をのぞむ地域にも、五番目のアルプス山脈にも足を運ばれた男性の、個人での最後は、この「地球最高峰」のヒマラヤ山脈縦断の旅でございました。

一羽の白鷺に導かれ、男性が歩みを始められた一九八五年一月一日から、三十八年が経ちました。リュックサックを背負い、山道を駆けのぼるように歩まれていた青年も、今では、かわいい、すばらしいお孫さんたちに恵まれたおじいさまでいらっしゃいます。

いつの日か、お孫さんたちにも、そして曾孫やそのまた子孫の皆様にも、男性の歩まれた「道」が届くことを願っております。地球にこんなかたがいらしてくださった幸せを、誰もが皆でかみしめられる機会が適いましたならありがたいです。

みんなみんなの御父様であらせられるような大きな御心のかたが、こうして、地上にはじめて御姿を現わしてくださった奇蹟を、天空の星々とともに、地上の動植物の皆様たちとも、謹んで寿《ことほ》ぎたく存じます。

この原稿の最終校正をしていた二〇二三年六月はじめ、大型の台風二号が沖縄県を直撃しました。台風が梅雨前線にも影響を与え、台風から離れた近畿や東海・関東でも二十四時間降水量が観測史上最大となったところが八県十六地点に及びました。各地で線状降水帯が発生し、六都県の河川が氾濫しました。

沖縄でも、那覇空港が終日閉鎖され、全便欠航となる日がありました。県内全域で停電が発生し、県内の多くの市町村が小中学校の臨時休校を決めました。

グアムや石垣島などでの被害状況を見ていた男性は、「台風には通り道があるから来ないでね、とは言えないけれど、せめて花を落とさないでくれたらなぁ」と、おっしゃいました。紫陽花やバナナなど、この時期は花いっぱいのとてもいい季節でした。

やがて、台風が沖縄本島を通過し、風も雨も大変な激しさでした。避難所設置は沖縄県内だけで三十九市町村、県内の約三七七〇世帯が停電となりました。雨量が百五十ミリにも達する大雨だったのです。

ところが、男性が花を見に行くと、花は全く落ちていなかったのです。これには、男性はもちろん、台風通過後のお手伝いに来ていた男性の長男も驚きました。長男は思わず、「台風もきつかっただろうなあ。コースを変えてくれ、ならまだしも、花を落とさずに通過してくれなんて……」と冗談をおっしゃるほど、見事に花が落ちずに残っていたのです。

男性は、旧暦四月十五日となる六月三日朝、七十数年に及ぶ人生で初めて、「台風さんありがとう、花を落とさずに通過してくれて」と、台風に御礼を述べられたそうです。

花を落とさないでほしいとリクエストなさる男性のお心と、それをかなえてくれた大型の台風二号と。この日、男性がある場所に向かうと、ノグチゲラ・メジロ・ウグイス・

ヒヨドリ夫婦・烏《からす》の順に、大合唱で迎えてくれたそうです。

一週間ほど続いた雨があがり、この日の夜は真ん丸のお月様が天空を彩りました。旧暦十五日です。

沖縄では台風の後、こどもたちが家の片づけを手伝いに来てくれました。「助け合う」「共同作業」という、「協力し合う相互扶助」の精神をあらわす、沖縄の方言「ゆいまーる」。かつて日本にも「結《ゆい》」という助け合いの相互扶助の仕組みがあったにもかかわらず、最近はあまり見られなくなっています。台風の後、実家を手伝いに行くという沖縄の人々の心やつながりがとても尊いものに思えました。

この日は娘さんたちから、台風の後だから手伝いに行くよ、という連絡が続々とあったそうです。久しぶりに来てくれた娘さんも、お孫さんと一緒に来てくれた娘さんもいました。

台風一過の晴れ渡った空の下、お手伝いをしてくれたお孫さんたちへの御褒美に、と、男性はとっておきの場所にみんなを案内しました。真ん丸のお月様に照らされた場所で、この時期ならではの蛍が乱舞する場所でした。とても喜び、はしゃぐお孫さんたちの笑顔と歓声は、きっと真ん丸のお月様にも聞こえていたのではないでしょうか。

台風通過後も、男性のもとにはさまざまな生き物がやって来ました。

男性が縁側で昼食をとっていると、木にいたとかげが、するすると降りてきて、男性の目の前まで来たのです。キョロキョロと男性の顔をのぞき込むように見つめています。まるで地球で初めてのものを見つけたかのように、とかげは翌日も男性のもとまでやって来たのでした。とかげにじっくり顔を覗かれ、翌日も、また来たよ、と訪問される男性。

台風通過後に蝿が来たこともございます。「蝿たたき」や「殺虫剤」もあるほど、蝿や蚊は人間の暮らしから拒絶されてきた生き物です。けれども、男性は蝿も殺生することができず、何としてでも逃がしてあげようと試行錯誤しました。けれども、蝿は逃げず、むしろ男性のそばにいようとするのです。やがて、男性の手に止まりました。とかげ同様、男性のそばが心地よさそうなのです。払おうとしても逃げないため、男性はひらめきました。手に止まったままの蝿をそのままに、今度は男性が外に出たのです。そして、蝿に飛び立ってもらった後、男性は部屋に戻ったのでした。決して殺生をせず、自らが蠅と共に外まで出て、蠅が飛び立った後に部屋に戻るという人が、世の中にどれほどいるでしょうか。

男性は、孫たちと蛍を見た日、雌《めす》カニが車にひかれてしまっている場面に遭遇しました。出産を控えた雌カニが海辺をめざす際、途中の道路で車にひかれてしまうことがあります。かわいそうに、と思う人は少なくないでしょう。けれども、男性はひかれてしまった雌カニをすくい上げ、海へと続く川のところまで向かいました。親は死んでしまっても、お腹のなかの卵はまだ生きているのでは、と思われたのです。男性は、こうして、亡くなった雌カニのお腹にいた卵を川に放流してあげたのでした。

これが、男性です。

日本で一番高い山に登った人の中には、「もう日本にはこれより高い山がない」と思っている人がいるかもしれません。自分はもはや日本の山を制覇した、と。けれども、男性はこんなふうにおっしゃいます。

「いやいや違いますよ、もっと高い山がありますよ。【心の登山】をしたらどうでしょうか」と。

目に見える山の頂点に登って、もはや制覇したと有頂天になるのではなく、【心の登山】にはゴールがありません。富士山よりも高い山、エベレストよりも高い山が、【心の登山】では可能なのです。

男性はこうおっしゃいます、「【心の登山】は無限です。生きている間にどこまで登りきれるでしょうか」と。

かつての男性であれば、雌カニが亡くなっていたら、供養をされていらしたことでしょう。けれども、今度は供養のみならず、そのお腹に宿った命がまだ生きているのなら、その命を生かそうと、海に続く川まで向かい、放流をなさったのです。さらなる深さの段階があることをお示しくださったのでした。

「【心の登山】は無限」——目に見える山の頂点に立ったからといって満足せず、さらなる高みや、さらなる深みがあることを忘れずに、「心の階段」を一歩ずつ登って参りたく存じます。

男性はこれまで、世界じゅうのほとんどの国を網羅されるように廻りきってくださいました。「行きたい場所はもう一つもございません」——今は、心からそうお思いにならなれていらっしゃるそうです。

あるとき、男性のお姉様が妹さんに、次のように語っていたそうです。

「弟が旅をしなくなって、家にいるようになってから、世界がずいぶん荒れているねえ。コロナにしても、戦争にしても……。弟がこれを止めていたのかなあ。世の中を平和にしていたのかなぁ」。

かつて戦争を体験した、八十代のお姉様は妹さんにこんな言葉をかけられたのでした。早くから働き、家族のために仕送りもしてくれたお姉様。姉弟で直接語ることはなくても、お姉様は、弟さんの真《しん》のお役目・本当のお仕事をご理解されるお一人だったのかもしれません。


「ボンタンアメあまい　あまいはおさとう　おさとうはしろい　しろいはうさぎ　うさぎははやい　はやいはひこうき　ひこうきはたかい　たかいはお月さん　お月さんはまるい　まるいはおかね　おかねはたから　たからはいのち　いのちはだいじ」――男性のこども時代からの歌だそうです。「たからはいのち」――一人に一つずつのたからものを大事にして参りたいと思います。他者の命も、自らの命も、世界にたったひとつだけなので。

地球でたった一人のおかたに、宇宙でたった一人のおかたに、あらためて心から感謝申し上げます。

かつて、「最後の旅」と語られた、二度目の南極大陸への旅は、実は男性にとって、最後の旅とはなりませんでした。

二〇〇五年十二月二十一日、男性のもとに、神様の言葉を取り次がれるかたから、次のようなＦＡＸが届いたのです。

「数年ぶりにＦＡＸ致します。何日か前より微振動を感じていたので、魂を飛ばし、宇宙より地球を観たところ、地球全体が振動し、地軸がビリビリと震えています。コマが回転力を失い、倒れるときのように。地球も同じ状況です。このような事を言ってはいけないのでしょうが、もう終焉にしてほしいです。勝手なことを言ってすみません」

この頃、別のかたのもとにも、ギョッとする記事が届いていました。それは、南極圏が巨大な宇宙的爆発にさらされた、というものでした。前代未聞の一瞬のまばゆいばかりの閃光《せんこう》、異常な発光現象について、当時、世界のトップ科学者たちが解明を急いでいました。これによって、南極圏は宇宙線にさらされ、北極圏は未曾有《みぞう》の異常気象に襲われたのです。南極上空にできるオゾンホールのため、こうしたガンマ線爆発（放射能エネルギー帯の一部）の有害な影響がいっそう、極地帯をさらしていたそうです。

太陽の爆発現象である「太陽フレア」。この「太陽フレア」が発生すると、大変なエネルギーが地球にも到達し、磁気嵐やオーロラなどが発生する要因となります。地球磁気圏外では、フレアのX線やガンマ線による被曝が、人の致死量を超えることもあるそうです。

二〇〇五年九月七日以降、断続的におきた太陽表面での大規模なフレア（爆発）の影響とみられるオーロラが、南極大陸を取り巻くように輝き、日本でも短波通信などに障害が発生し、地上の通信や人工衛星にも影響を与える恐れがあるという記事が、国内の新聞にも出ていました。

こうした中で届いた、「地球全体が振動し、地軸がビリビリと震えています。コマが回転力を失い、倒れるときのように。地球も同じ状況です」というメッセージ。

男性は、人知れず、はじめて「南極点」まで向かうことを御決意されました。これまで二度も、南極大陸を訪問した男性です。たった一人に三度も、南極大陸まで向かわせてしまっていいのでしょうか。空想でも童話でも、映画でも物語でもなく、実際にこんなふうに歩まれたかたが実在されるのです。

今回は、「南極点」をめざした旅。

南極大陸まで行く人はいても、南極点まで行く人は滅多にいません。行きたくても行けないのです。実は、南極点まで向かおうと思ったら、南極大陸のベースキャンプで体調チェックを受け、その時点で合格した人だけがセスナに乗って行くことを許されます。体調次第では、南極大陸まで行くことはできても、南極点まで向かうことはできないのです。もし命を落とすことがあっても損害賠償請求をいっさいしません、という誓約書を書くことが、南極点に向かう必須条件でした。
被爆の危険もある中、男性はメッセージを送られたかたにさえお伝えされないまま、人知れず、通訳のかたと「南極点」をめざされたのでした。

この時、南極点に行こうと南極大陸に集われたのは、二十名ほどの世界的なかたがたでした。三回の食事の時のみ、皆さん、顔を合わせます。それ以外は、テント生活が南極大陸での旅です。参加者全員の自己紹介があった際、男性のお話を特に熱心に身を乗り出して聞かれ、男性に話しかけてきた人が二名いました。

一人は、ある世界的に有名な雑誌の編集長です。地球のどの空港にも、日本じゅうの新幹線の売店にも、この雑誌はあるのではないでしょうか。地球で最も隕石が衝突するのが南極大陸だということで、スポンサーのかたがたとともに、編集長は取材に来られていたのです。編集長は、自分よりはるかに若い男性が南極大陸に三回も来ているということに驚き、とてもうらやましい、と話しかけてきたのでした。

世界的な雑誌の編集長です。地球上のさまざまな著名人にも会うことができ、これまでいろいろな人たちとも出会ってきたことでしょう。この雑誌に登場したいと思うＶＩＰは地球に何百人、何千人といるのです。そんな雑誌の編集長が、歩んだ道のりに驚嘆して、思わず「うらやましい」と話しかけに来られたのが男性だったのです。

そして、もう一人、男性に話しかけてきたおじいさんがいました。九十代でしょうか。とても威厳や風格があります。実は世界じゅうをすでに旅していて、普段はジェット機を自分でチャーターして旅をするような人でした。世界にもう行くところがないので、まだ行ったことのない南極点まで来たのだそうです。

他の人とは誰とも話さないのに、この威厳のあるおじいさんは男性にだけは、嬉しそうににこやかに話しかけられるのでした。男性は、これまでも、人生経験豊富な年配の超大物たちから好かれ、不思議と親しく話しかけられています。今回のこの極地「南極点」の旅でも、錚々《そうそう》たるメンバーが集まる中、最も威厳のある超大物からフレンドリーに話しかけられるのでした。

おそらく男性は、世界一（宇宙一）の大物キラーです。

この九十代の威厳に満ちたかたは、血圧等のチェックで、一回目も二回目も南極点行きのセスナには乗ることができませんでした。旅の間、セスナで南極点に行くことができるのは、わずか三回のチャンスがあるのみだそうです。ここまで来たら、皆、南極点までたどり着きたいと思うものだと想像します。

とても残念そうだったおじいさんが、何とか最後に行けることになり、このおじいさんはわざわざ男性のところに満面の笑みでやって来て、思わず握手まで求めたそうです。

この旅に、通訳として同行してくださったかたがお書きくださったレポートを、謹んでご紹介させていただきます。

「二〇〇六年一月十五日（現地時間）、男性は南極点に立たれました。時は夏で、南極圏は白夜。太陽は上空をぐるりと円を描いて回るだけで、二十四時間明るい毎日が続きます。南極はただ寒いだけでなく、ほぼいつもハリケーン並の強風が吹き荒れています。この突風がひっきりなしにビュウビュウと吹きつけ、雪を巻き上げています。極寒のべースキャンプでのテント生活の十日間を、決して忘れることはないでしょう。

テントの中に入れば風からは遮断されてホッとできるのですが、それでも冷蔵庫の中にいるようで、防寒用の分厚いブーツの底についた雪は、テントの中でも決して解けることはありません。乾かそうとするタオルも朝までバリバリの板昆布（あるいはビーフジャーキー？）状態です。十一日間もお風呂に入れず、頭も洗えなかったのは実に辛かったです。

夜の時間になると（真っ昼間のような日光の下）、そうしたテントでさらに極寒用の分厚い寝袋にくるまり、頬かぶりをしてミイラのように眠るのです。外にあるトイレにたどり着くのも一苦労で、勇気を奮い起こし、分厚いコートを着込んでからでないと行けるものではありません。少しでも皮膚が出ていれば、そこからすぐに凍ってしまいますから。それは寒いというより、「痛い」という感覚の方にずっと近いです。

普通の観光ツアーとは異なり、すべての旅程が天候次第であり、飛行機が飛べるようになるまではひたすら忍耐強く待つしかないのです。飛行機も軍用貨物機です。この飛行機が離着陸できる天候状態が得られるまで、さらにテントで一種の「軟禁」状態が続きました。

強風が四十ノット（時速74、08キロメートル）以上になると、実際、歩行もままならず、まさに飛ばされそうになります。男性は脚の状態がますます悪くなっており、今回は二本の杖を用意されておられました。雪をかき分けて、突風のなかをトイレに出るのは、しかも杖をつきながらそうするのは、バランスが崩れて行き倒れになりかねず、とても危険なことでした。それで、雪嵐が続くと、ひとつにはトイレの回数を減らすために、男性は極寒のテントの中で何と断食を決行されたのです。零下三十度の寒さの中、せめて食べるということをしなければ、そのまま病気になってしまわないかと気が気でなりませんでしたが、男性の強靭な意志は変わりませんでした。

男性は、毎晩のように象徴的な夢をご覧になられるのですが、ある夜、地軸に包帯がぐるぐる巻きになっている様子を夢で見せられたそうです。またある夜は、地球の導管のようなヒューズが切れかかって、電気がついたり、消えたりを繰り返している夢をご覧になられたようです。

ある日、久しぶりに太陽が顔を出した日、男性が雪の大地を歩いていると、途中、雪の大地にキラリと光るものがあることに気づきました。それは半分以上雪に埋もれていて、雪自体がキラキラと輝いていましたから、普通の人では気がつかないはずです。男性が掘り起こしてみると、それはネジ目が折れている、ごく小さな三ミリほどのネジだったのでした。地球の訴えは明らかでした。

そして、一月十五日、男性はついに南極点に立たれました。

そこで、極寒の中、手袋を取り、帽子を取り、何と上着まで脱いで氷雪の上にひざまずき、長いこと頭を垂れて、地球に謝罪されたのでした。もはや、祈りも尽きたといっていいかもしれません。ここまで来て、もはや一体何を祈れるというのでしょうか。これ以上のお願いは、神々様を苦しくさせるだけでありましょう。男性はただ渾身の力を込めて謝罪をされ、また生命そのものを削るようにして、地軸にその神々しい光をお与えになったのです。

男性は、しばらくは誰に会うこともなく、黙する生活に入られるご決心のようです。地球という星も、そして人類も、とうとうこうした状況まで来ているということを、どうかお一人お一人、真剣に考えていただけますよう、心よりお願い申し上げます。

男性のなさっていることはボランティアではありません。命がけ、真剣そのものです。私も含めて、多くの人は自分が間に合って、その上で時間やお金が余ったら、人のため、あるいは地球のために何かをしようという取り組みの姿勢ではないかと思います。本来、

「天使」として降ろされた人たちは、もともとそれ以上の決意をしてきたはずなのに。本来の使命を、もう一度ともに考えてみませんか。

やっと南極大陸を飛び立てる日が来て、搭乗を待っているところで、男性が大きな日輪を指さしました。そして、冠をつけた龍の彩雲が空を飛びました。それは何という慶びの光景であったことでしょう！」

一月三十日に、神様の言葉を取り次がれるかたから、こんなＦＡＸが男性のもとに届きました。

「こんばんは。地球のブレがおさまっているようですが……。まさかとは思いますが、極点で地軸を直す為、お祈りをなさったのですか？　まさかとは、確証はもてないのですが……。」

そして、しばらくして、次のようなＦＡＸも届いたのでした。

「昨日、ビデオを見るように南極で最後のお祈りをなさっている姿を見せていただきました。正月前後、南極に数日泊まり、ようやくその時が来て、本当に極点の旗のようなものがたっている所で始まり、〇〇先生の光が発せられ、その光は地球の軸をつらぬき、親神様の所まで繋がれ、宇宙空間において、何者にも邪魔されず、今も繋がっているようです。

昨年の終わりに地球の軸がブレているとFAXしてから、まさか本当に南極に行かれるとは信じていませんでした。今、御姿を遠くこの地より拝見致しますと、今まででしたらミイラの姿で感じとられていたのですが、今は普通の人間のお姿ですね。

もう本当に役目を終え、帰られてしまわれるのですか？

人間は、どの道を進んでも、行き着く所は同じですね。やはり、普通に生かされている事が、今の人間にはそのありがたさがわからなくなってしまっているのですね。自分もその内の一人ですが……。

本当に今までありがとうございました」

男性にとって、これが最後のお祈りの旅だったのです。

先生へ

こんにちは　お久振りです。

昨日、ビデオを見る様に、先生が南極で最後のお祈りをなさっている姿を、見せていただきました。正月前後、南極に数日止まり、ようやくその時がきて、本当に極点の旗のようなものが立っている所で始まり、先生の光が、発せられ、その光は、地球の軸をつらぬき、

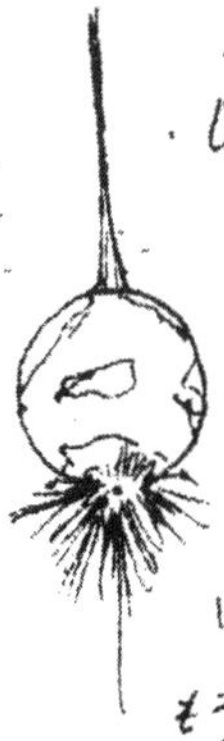

親神様の所まで繋がれ宇宙空間において何者にもじゃまされず、今も、繋がっている様です。
昨年の終りに、地球の軸がブレていると、FAXしてから、まさか本当に、南極に行かれるとは、信じていませんでした。今、先生の御姿を、遠くこの地より、拝見いたしますと、今まででしたら、ミイラの姿で感じとられていたのですが　今は、普通の人間のお姿ですね。もう本当に役目を終え、帰られてしまわれるのですか？

人間は、どの道を進んでも、行く着く所は同じですね！
やはり、普通に生かされている事が今の人間には、あまりありがたさがわからなくなってしまっているんですね。自分も、その内の1人ですが・・・。
本当に、今までありがとうございました。

道

人の法は地にあり
地の法は天にあり
天の法すなわち道なり
道の法すなわち自然なり
人と自然の調和こそ
真の道なり

平《へい》和《わ》

地球《ちきゅう》 龍鳳《りゅうおう》

明窓出版

令和五年八月十五日　初刷発行

発行者——麻生 真澄
発行所——明窓出版株式会社
〒一六四—〇〇一二
東京都中野区本町六—二七—一三
電話　（〇三）三三八〇—八三〇三
FAX　（〇三）三三八〇—六四二四

印刷所——中央精版印刷株式会社

ISBN978-4-89634-461-5

（参考文献）

『新時代の悟り　目覚め』（高嶺善包・明窓出版）
『宇宙心』（鈴木美保子・明窓出版）
『神とともに』（神立学・明窓出版）
『真心』（神立学・明窓出版）
『THE COSMIC HEART』（Mihoko Knight Suzuki・1st Books Library）